# 燃點前人
# 讀書之光

張光源　著

# 目 錄

# 自序

多年前，我在一個介紹考試工作的講座答問環節中，有家長問：「如何讀書才可在考試中拿到好成績？」多年以後，我對這個課題仍念念不忘。

這些年，疫情期間，在家看書，便想找一些由學者所寫的治學心得書籍勉勵自己。於是蒐集了一些治學箴言，發覺先賢有許多令我大開眼界的真知灼見。例如，朱熹的《春日》——「勝日尋芳泗水濱，無邊光景一時新。等閒識得東風面，萬紫千紅總是春。」朱熹以「東風」及「春」比作孔子，説明當接受了孔子的道理，會使自己的思想層次提升；有春的感召，便有萬紫千紅的美景。這詩是朱熹得李侗的教導，學問大進，開心而寫的。原來感受到學問猛進，可令人如沐春風！同在這時候，我又讀了近代學者來新夏的《讀書十談》，裏面有這段説話：「讀書是為積累知識，但卻不能只入不出，而要像蠶那樣，吃桑葉吐絲，要為人類文化添磚添瓦……無論什麼人都應該把咀嚼吸取的知識釀成香甜的蜂蜜，發之於言論文章來奉獻給當代人或哺育下一代人。」清末學者梁啟超在《讀書法》曾鼓勵讀書人考慮著書，他説「同

讀一部《荀子》，某甲汎汎讀去，某乙一面讀，一面打主意做部《荀子學案》；讀過之後，兩個人的印象深淺，自然不同。所以我很獎勵青年好著書的習慣。至於所著的書，拿不拿給人看，什麼時候才能成功，這還不是你的自由嗎？」可能是受了來新夏及梁啟超的啟發，於是鼓起勇氣，思考如何編撰一本學者治學箴言的書。

看了一些有關治學的書籍，我便根據七個主題選編學者治學的箴言，首先是近代學者有關整理資訊的心得，接着是聖賢的學習態度，隨後的主題是心理解困、學習解難、發展所長、應試秘訣和治學之路。我曾經思考以下的問題：

- 近代學者對讀書治學有什麼真知灼見？
- 從前的學者所持的治學心境和態度是怎樣的呢？
- 意志低沉時可以怎樣開解？
- 學習上遇到困難可以怎麼辦？
- 怎樣去理解「天生我材必有用」？
- 有什麼應試的秘訣？
- 如何發展自己的治學道路？

於是把蒐集到的箴言根據以上七道問題分成七個章節：首章引述多位近代名家倡議的讀書方法；第二章闡述多位先

賢的治學態度；第三章建議如何在困難時開解自己的一些方法；第四章解釋作者如何克服不同學習上之困難；第五章說明各人皆有發揮才能的機會；第六章指出在治學過程中難免要有考試，由於我在考評局工作多年，故此會特別介紹一些應試時要留意的細節；第七章列出做學問的要點，包括心境、態度、溝通等問題。在每段箴言之後，會加上自己的感受。我想能夠把學者們的治學心得放在一起，是件有意義的事。

　　在本書的末段，我會對所引箴言的作者們作簡單介紹。雖然這些知名學者的生平都可在網上找到，但我認為一個簡要的敘述，可幫助我們對他們所說的話有更深入的認識和了解。這本書有兩個目的，首先欲鼓勵讀者多參考前人的治學方法，更希望能從諸位著名學者的心得中得到啟發；另外，亦希望大家在公餘時多點讀書。今天科技發達，使人們傾向多用手機，或會令我們和他人溝通時產生下列毛病：注意力不集中、思維欠缺系統、對外界的理解流於表面、處事缺乏耐性、過分倚賴社交平台的資訊、過分執著自己的見解、表達詞彙不足。多讀點書或可充實我們的精神生活。希望大家會明白為學的重要性，並能找到最適合自己的學習方法。

第一章
# 近代學者點迷津

梁啟超和胡適都是五四運動的代表人物。在讀書方法方面，梁啟超介紹綜合資料的方法；學者夏丏尊建議讀書最好能對有關內容有一個概覽；胡適則倡議「讀書四到」──「眼到、口到、心到、手到」。但話說回來，現今的同學只顧上補習社找名師，甚少人再談梁啟超、夏丏尊及胡適那一套了。不過其他近代學者也有不少真知灼見：漫畫家豐子愷認為讀書要有一個系統來維持興趣；文字學者王力建議讀書時在適當地方寫下自己的意見；史學家顧頡剛建議我們要對自己研究科目極盡精微，又要對別人研究的各科略知一二；數學家華羅庚說學習有「由薄到厚」和「由厚到薄」的過程，目錄學家來新夏建議把書讀薄，在書中資料找出線索貫穿。他們的見解值得大家參考。[註 1.1]

# 零碎資訊要綜合
## 蒐集各種資料　找出線索貫穿

梁啟超：

「我們對於一箇複雜問題，蒐集得無數資料，如何纔能駕馭這些資料為我用呢？第一，要提挈出它的特點；注意這件資料和別件資料不同的地方在那裏。第二，要善於分類；把所得的資料，察其性質，縱分橫分，分為若干組比較研究。第三，要求出相互關係；各種資料中，或有主從的關係，或有姊妹的關係，務要尋出線索貫穿它，不令一件一件的孤立。」《讀書法》

　　學習時要培養分析和綜合的能力才能作較深入的學習。近代思想家梁啟超教我們綜合之法，綜合是把彼此有關的個別地方、個別特徵聯繫起來，從本質上整體認識它們。

　　綜合資料是我們常做的事，例如：我們不時看到從不同來源蒐集到的資料，表面看來是零碎的片段，於是便要把它們連繫成為有組織的內容。學習新事物時，也會遇到很多資料，成功的學習亦倚賴我們如何建立主題把資料組織起來，或要找出主題，或要分出脈絡，或要尋找源頭。我最喜歡梁啟超帶出的第三點：找出資料的相互關係。對初學者來說，各種事物都是個別的項目。經過一段時間，便會找到兩種事物間之相同性質，而把兩者連繫起來，後來可以連繫三種，

然後可把東西整理成自己知識系統之部分。有良好綜合能力，讀書時知識脈絡便可弄清楚。所接觸的內容條理化和系統化，便會變成了自己腦海裏知識大廈的一個單位，而不是一堆磚瓦了。所以如要建立知識系統，必須有好的綜合能力。

蒐集各種資料，尋出線索貫穿，在研究學問時異常重要，我們要細心學習梁啟超的建議。學習時，我們會用不同的方法把得到的資訊和以前所知的連結起來，成為一個架構，這個架構可以幫助我們記下資料，在適當時應用出來。如何在學習過程中幫助大家養成這樣的心態呢？我認為下列活動是有用的：

- **展示事情的利與弊**：討論某事情的時候，多思考不同的觀點，把優點及缺點（pros and cons）都列出來，例如在物理課可要求同學思考發展核能的利與弊。這樣，可對有關的理論有較深刻的理解；

- **把資料分類**：盡量要學會如何把資料作適當的分類。當需要處理很多資料時，先找出一些原則把它們適當地分類，便可較有效率地處理；

- **內容的框架**：課堂開始時，把要觸及的內容列出，讓大家知道內容的框架。導師要關心的是如何令同學專注，令他們學得更好。大綱勾畫出來後和同學交談時，便較容易找出困難的部分。

# 學習範圍有概覽
## 閱讀序文提要　查看目錄索引

夏丏尊：

「先閱序文，看這部書是講什麼方面的，再查目錄，看裏面有些什麼項目。你目前所參考的也許只是其中一節或一章，但這全書的概括知識，於你是很有用處的。你能隨時留心，一年之中，可以收得許多書籍的概括的大略知識，久而久之，你就知道哪些書裏有些什麼東西，要查哪些事項，該去找什麼書，翻檢起來，非常便利。」《閱讀什麼和怎樣閱讀》

近代學者夏丏尊建議讀書最好能對有關內容有一個概覽。他還建議如果看書想增加趣味性，可參考其他的資料，例如：讀《杜甫詩集》，可翻翻杜甫生平，或別人詩話中對於杜詩的評語。所以看書時我喜歡看目錄和索引，幫助尋找線索。

目錄（table of contents）顯示書籍內容大綱，是作者自定的次序；索引（index）顯示主要課題或項目在書本的位置，可幫助讀者自修或找資料的次序。有些作者除了提供目錄，還會勾畫內容大綱；部分作者還會把各章節內容提出值得思考的問題，提高文章之閱讀性。

　　我看書時會找索引輔助閱讀，曾閱讀不少中文和英文書籍，發覺絕大部分英文書籍都有索引，但中文書籍則很少有。讀書時，我們未必一定會想完全跟隨作者所編排的次序去看，有時候想起某個主題，便想看看不同學者如何分析有關的主題，便要嘗試翻查索引了。例如想找一找學者如何解釋「標準參照評核」這個課題，便去找不同學者的著作，在索引找解釋「標準參照評核」的頁數去找有關的說明。

　　看詩集，不同的編者有不同的排列，我們可根據以下作參考：
- 作者的出生年份；
- 詩名稱的筆劃序；
- 詩名稱的漢語拼音字母；
- 詩篇內容分類。

　　報章也會在頭版印上索引，好讓讀者在何處找到自己有興趣的內容。蒐集各種資料，尋出線索貫穿，在研究學問時異常重要，夏丏尊的建議我們要細心學習。

# 讀書四到要留意
## 先要眼到口到　還要心到手到

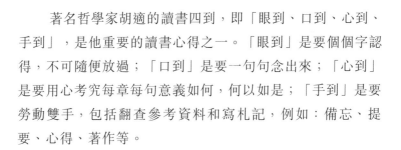

胡適：
「我們小的時候讀書，差不多每個小孩都有一條書籤，上面寫十個字，這十個字最普遍的就是『讀書三到：眼到、口到、心到』。現在這種書籤雖不用，三到的讀書法卻依然存在。不過我以為讀書三到是不夠的；須有四到，是『眼到、口到、心到、手到。』」《讀書》

　　著名哲學家胡適的讀書四到，即「眼到、口到、心到、手到」，是他重要的讀書心得之一。「眼到」是要個個字認得，不可隨便放過；「口到」是要一句句念出來；「心到」是要用心考究每章每句意義如何，何以如是；「手到」是要勞動雙手，包括翻查參考資料和寫札記，例如：備忘、提要、心得、著作等。

　　我同意「手到」是重要的，寫札記可透過不同活動進行，如果在學習過程中引進討論的環節，是可以提升學習興趣的，而同學亦可在分享過程中得益。手到是重要的一環，我個人頗喜歡這模式。我記得在每一次的工作討論中，都可以得到新的內容和新的觀點，幫助思考。我又記起做研究和撰寫論文時，和別人討論是必需的。因為在過程中可以得到

不少靈感。故此在討論活動之後，如果時間許可，可要求同學們撰寫小組討論記錄。這是一個很好的學習機會，因為內容是在當場發表的，同學不能靠預先準備內容來書寫記錄。這個練習可訓練同學在旁聽時，把重點記下來，想鍛煉這項功夫，同學要能夠：

- 充分理解討論重點；
- 記下重點；
- 把重點依着結構書寫出來。

以前我讀任何書本，或聽別人演講和人家講課，都會嘗試把重點寫下來，並且看看講者是怎樣在整個講話中將重點鋪排的。其中最大的好處是將來如果需要重溫有關內容，便可拿來參考。否則由於自己善忘，很快便會忘記了。

# 資訊管理靠貫串
## 建立組織系統　內容井然條理

豐子愷：

「凡讀一書，能處處注意其系統，而在自己的頭腦中分門別類，作成井然的條理；雖未看到書中詳敘細事的地方，亦能知道這詳敘位在全系統中哪一門哪一類哪一條之下，及其在全部中重要程度如何。這彷彿在讀者的頭腦中畫出全書的一覽表，我認為這是知識書籍的最良的讀法。」《我的苦學經驗》

　　近代漫畫家豐子愷認為學習其中一個重點，是要懂得如何管理資訊。管理資訊是多方面的，需要運用我們的思考力，要懂得思考，必須在實際情況中培養。其實在日常生活裏，我們都會不斷思考，例如：外出吃飯，去哪一間菜館？公餘去看電影，看歌舞片，還是科幻片？看電視欣賞足球比賽，為什麼喜歡巴西而不喜歡阿根廷？這些都是需要思考的題材，但是如果需要培養較有系統的思考能力，最好是倚靠正在修習的學術科目——因為各個科目都有獨特的思考方法。學習數學物理必須有邏輯性的推理，而學習文學、歷史、哲學等學科必須擁有基本資料與組織資料的能力。現今社會，我們接觸五花八門的資訊，要找出重點，然後把資訊綜合起來，修讀文史哲科目對培養訓練這些技巧有很大幫助。

　　凡一種事實，必有一個系統，分門別類而成為學科的內容。我看參考書時，也發覺不同作者有不同方法來幫助讀者記下各章節的主要內容。有些作者會在每章末端寫下章節的重點，幫助讀者重溫內容。另外，有些作者則在每頁旁邊空白之處把全書主要字詞（keywords）列出來，好讓讀者清晰知道各內容重點分佈在全書哪些地方。多年前曾去日本名古屋旅遊，到過一個很大的地下商場，每一個十字路口都貼有商場地圖，好讓遊人知道自己所處位置。上述的提示能有效輔助記憶，以免我們在學習過程中迷失方向。

　　讀書和旅遊一樣，大家都不希望自己會迷失方向，故此，在本書每章的開頭，我也擬出一個大綱，提供一個扼要預告，好讓大家知道各章節的範圍及主題重點。這樣便可幫助大家，了解每一道論題怎樣和其他的論題互相配合。

# 讀書動筆寫眉批
## 留意主體內容　加上評論意見

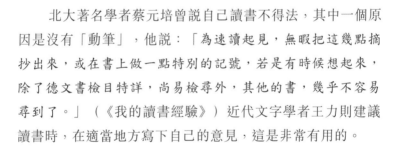

王力：

「看一本書如果自己一點意見都沒有，可以說你沒有好好看。你好好看的時候，總會有些意見的。所以，最好在書眉，又叫天頭，即書上空的地方作些眉批。試試看，我覺得這本書什麼地方好，什麼地方不合適，都可以加上評論……自己做眉批，可以幫你讀書，幫你把書的內容吸收進去。」《談談怎樣讀書》

　　北大著名學者蔡元培曾說自己讀書不得法，其中一個原因是沒有「動筆」，他說：「為速讀起見，無暇把這幾點摘抄出來，或在書上做一點特別的記號，若是有時候想起來，除了德文書檢目特詳，尚易檢尋外，其他的書，幾乎不容易尋到了。」（《我的讀書經驗》）近代文字學者王力則建議讀書時，在適當地方寫下自己的意見，這是非常有用的。

　　不少人曾在閱讀比較深奧的材料時感到困惑，故此，我時常希望介紹一些方法，讓同學在參閱陌生資料的時候，不會感到太困難。有學者介紹「項目突顯」（signaling）的方法，意思是在閱讀時，把內容重點突顯出來，令閱讀暢順些，

以下是一些常用的方法：

- 把內容分成數個重點，並把它們根據第一點、第二點、第三點等依次列出；
- 每一個重點都找一些關鍵字去代表，幫助自己記起有關的內容；
- 如果閱讀的是一篇冗長的文章，可根據自己的理解把文章分段，而在每段加上標題；
- 嘗試把每段內容作一個簡單的撮要，並寫下各重點之相互關係；
- 草擬一個內容大綱，幫助隨後跟進。

學者普遍認為這些方法對能力稍遜的同學有幫助，因為可幫助同學在閱讀陌生資料時，抓緊重點，建立自己的學習架構。[註 1.2] 事實上，今天科技進步，上課時大家或會用簡報（PowerPoint）作輔助工具，但切忌流於形式化。要學懂學習內容的連貫性，否則學習資料沒有整理好，那麼資料仍是一盤散沙，初學者或會感到吃力。

# 治學備兩塊鏡子
## 顯微鏡見細微　望遠鏡見整體

顧頡剛：

「我們研究學問，應當備兩個鏡子：一個是顯微鏡，一個是望遠鏡。顯微鏡是對自己專門研究的一科用的；望遠鏡是對其他各科用的。我們要對自己研究的一科極盡精微，又要對別人研究的各科略知一二。這並不是貪多務博，只因為一種學問是不能獨立的緣故。」

《怎樣讀書》

　　一個人除了有過人的勤奮和出眾的才華外，還要有卓越的見識。有卓越的見識，才能正確處理各種關係，才能擴闊視野，從新角度發展。

　　偶然和一些年青的舊同事交談，提到電影《日月精忠》，原著小說是 *A Man for all Seasons*，內容是英國首席大臣摩爾（Thomas More）和英皇亨利八世（Henry VIII）的故事，但年青的朋友完全不知道誰是摩爾。這便令我想起一些往事：我在外訪的時候，一位西方教授驚訝香港年青人不知道 Holocaust（二戰時期的納粹大屠殺）是什麼。而最近和年青人交談，有人把「九一八事件」和「七七盧溝橋事件」混淆了。現在許多人都異口同聲地說：我們不用記這麼多東西了，

有「互聯網」的幫助，我們可以隨時上網找資料。但是，如果我們連基本的資料框架也沒有，凡事都倚賴「互聯網」，這也無助臨場解決問題。

史學家顧頡剛提示我們，無論是什麼學問，都不會是獨立存在的，與其有關聯的地方很多；同樣，推行任何政策，除本身的內容外，仍須考慮有關的其他因素和另外可幫助連貫其他零碎的材料。我欣賞這段文字，是因為這段文字提醒了我們學習的要訣，主要是能夠把材料連繫起來。要達到這境界，我們要具備若干條件。首先，我們要對事情或內容有興趣或責任而作較深入的探索。另外，我們也要不停地或用不同的形式去面對、或採用、或接觸、或應用相關的資料，那麼自自然然便掌握了那些學習內容。最後還能作適當的引伸、發掘新的題材，為創新學問立下基礎。胡適亦有類似的說話：

> 「宋儒程顥說得好：須是大其心使開闊：譬如為九層之台，須大做腳始得。博學正所以『大其心使開闊』。我曾把這番意思編成兩句粗淺的口號，現在拿出來貢獻給諸位朋友，作為讀書的目標：為學要如金字塔，要能廣大要能高。」（《讀書》）

# 學習過程有層次
## 薄到厚為累積　厚到薄為貫通

華羅庚：

「學習有一個由薄到厚，再由厚到薄的過程，你初學一本書，加上許多註解又看了許多參考書，於是書就由薄變厚了。自己以為這就是懂了，那是自欺欺人，實際上這還不能說懂，而真正懂，還有一個由厚到薄的過程。也就是全書經過分析，揚棄枝節，抓住要點，甚至於來龍去脈都一目了然了，這樣才能說是開始懂了。想一想在沒有這條定理前，人家是怎樣想出來的，這也是個檢驗自己是否消化了的方法。」《學習和研究數學的一些體會》

來新夏：

「讀一本書大體上要約取這樣一些：這本書的主題，全書有幾個主要部分，有哪些創見，這些創見是根據什麼得到的，有哪些有價值的資料，這些資料是從何處蒐集來的，作者用什麼方法搜集資料和論證問題的，這本書主要不足在哪裏。如果你把這些約取所得寫在讀書筆記或卡片上，只是薄薄的幾頁或幾張。如此，你便可從紛雜朦朧中理出頭緒而便於掌握了。這不就是把一本厚厚的書讀『薄』了嗎？」《讀書十談》

　　數學家華羅庚說「由薄到厚」的過程，是較容易理解的，而他所說「由厚到薄」的過程，則強調消化、提煉，重點是要打好基礎。那麼基礎鞏固以後，在這個基礎上再練，便不是普通的練功了。

　　目錄學家來新夏所謂把書讀「薄」，關鍵在起始時先讀序或前言，然後從頭到尾看書中的目錄，了解全書主要的內容和結構。來新夏也和夏丏尊一樣，建議我們凡讀書要先讀序或前言。這一點常被人忽略，但它卻是非常重要且必須養成的一種習慣。因為書的序或前言是作者對全書寫作緣起、目的和主要內容的概述。當你讀完序或前言之後，你就會抓住全書的大綱。其次是從頭到尾地讀一下目錄，就可以知道這本書的主要問題和篇章結構。一位有功力的作者所寫的目錄往往是各篇章的提要。讀了序和前言，再去通讀全書就比較清楚了。

　　我認為把書變「薄」可以有兩個層次。一本書為了結構完整，會重複一些你已知的基本概念，或加上你熟悉的說明例子，或你已掌握的延伸和補充材料。那麼排除了主幹以外的枝節內容，書便由厚變「薄」了，這是第一個層次。掌握了大結構和主要內容後，書內知識便納入了自己的知識體系。我們對全書有總體認識，把不同部分連貫起來解釋，自己並加以重組和整理了解各個問題之間的關聯，這樣便有新認識和收穫。大家或會經歷下面的各個階段：

**讀書 → 思考 → 研究 → 運用 → 整理 → 自創新架構**

　　對所讀的書能分析、鑒別、不盲從附和，這樣書本也竟覺得變「薄」了，這是第二個層次。蒐集各種資料，尋出線索貫穿，在研究學問時異常重要，華羅庚和來新夏的建議我們要細心學習。

# 結語

　　我最喜歡看名家作品，因為有兩方面的得益，首先可以領會人家對某人某事的看法，還有可看人家如何用文字表達個人所思所想。當然自己能力所限，未必能夠把所有曾閱讀的都一下子看通看透，但這並不會阻礙我們在語文方面的學習。

　　故此看文章要注意兩點：第一，要看內容；第二，要學習語文之運用方法。例如自己在看英文書時，常常遇到不懂的字詞，通常要查字典去了解意思和掌握用法。看中文書時，看不懂的也會查字典，或在網上考究，或請教專家。除了學習語文，中西文章都含有重要的信息。我們閱讀時，亦會學習作者的思想、抱負和見地。除此之外，亦可看到別人怎樣看世事。近代學者較注重處理資訊方面，給我們很多啟示，但我們也不能忽視治學的心境和態度，在這方面，古代學者有不少的論述，供我們參考。下一章，我們要看看孔夫子、柳宗元、王安石、楊萬里、朱熹、王陽明、袁枚和曾國藩諸位先賢的治學態度。

胡適曾貢獻以下兩句說話給大家，作為讀書的目標：「為學要如金字塔，要能廣大要能高。」

# 第二章
# 治學要有好態度

從前的學者所持的治學心境和態度是怎樣的呢？我們要明白「善其事須利其器」，進行任何事情，各方面要配合，孔夫子提醒我們，學習需具備配套的心理條件。柳宗元和王安石同屬「唐宋八大家」，他們皆抱有讀書要「旁推交通」、多角度了解學習內容的態度。宋代詩人楊萬里走下一重山嶺，只是為了站在攀登另一重山的新起點。他認為世上各種事情的發展並非直線，學習也要有迂迴曲折、千變萬化的心理準備。中國學術史上博大、精微兼備之學者，孔子以後便是朱熹。朱熹倡議的讀書方法有二十四字，大家可參考朱熹倡議的讀書方法，我認為其中最重要的是不要先自我立說，要持虛心態度。王陽明是一位哲學家，又是一位教育家，《傳習錄》可看到他對教育的一套理論，認為進修要持進階有序的心態，切忌急功近利。清代詩人袁枚提示我們，不可抱「墮於一偏」的心態，要多聯想。多聯想可幫助產生靈感，也令我們找到方法輔助記憶。清代大儒曾國藩，不但平定太平天國之亂，對治學亦有一番見解，他認為做學問需有持恆的態度。

# 善其事須利其器
## 進行任何事情　各方面需配合

子貢問為仁。子曰：
「工欲善其事，必先利其器。居是邦也，事其大夫之
賢者，友其士之仁者。」《論語・衛靈公》

　　孔子的意思——工匠想做好工作，要先修好工具，他又
以工匠利用利器幫助做好工作，比喻人要靠賢友來幫助實行
仁德。這便令我想起，進行任何事情，都要有各方面的客觀
條件配合。

　　做任何事，我都傾向多想幾步，簡單如參加瑜伽課，我
會預先看看參加人數，然後取出足夠的瑜伽蓆。因為我不希
望在上課中途才花時間去加蓆，課堂便要暫時停頓下來，同
學亦可能要移動自己的位置來遷就遲到的同學。坦白說，我
自小便有這樣的傾向。媽媽在世時，常常提起一段往事，曾
經有親戚到家中探訪，媽媽邀請親戚留下吃晚飯，那時我年
紀小，但我慣從櫃中取食具，知道食具的數量，那次便老實
不客氣地對客人說，可否改天再來家中吃飯，因為家中未備
足夠的碗筷！有時我會去一所自助式咖啡店用膳，只需按鈕
咖啡便會沖出來。每次我按鈕前，會先看看水槽內是否有足
夠的水，並檢查咖啡豆缸是否還有足夠的咖啡豆！

　　很多人以為安裝冷氣機是簡單之事，但我在法團當義工
時卻有不同的體會，也曾為安裝冷氣的問題而煩惱。事緣要

在地下管理處安裝冷氣，但由於舊建築物並沒有納入相關考慮在大堂的原本規劃中，同時，安裝冷氣附帶三個問題：一是機身的安裝位置，二是散熱系統的安放位置，三是電力供應的負荷。通常大家只考慮到第一點，以為有位置放冷氣機便解決了問題，但其實另外兩項條件亦非常重要。我們花了很多時間尋找散熱系統的安放位置，但每一個可考慮的方案都有其缺點。最終選擇在後樓梯放置散熱系統，也是有散熱效果不理想的問題，但無奈也要採用這方法。當然還要考慮電力的負荷問題，安裝前要先看清楚。

設備上的配合當然重要，但工作流程的配合也不容忽視。從前在考評局工作時，考試預備工序一環緊扣一環，所以我在編寫 *The Management of Public Examinations* 一書時，採用了描述工作流程的角度來編撰，亦用「Examination Engine」這個名詞比喻工序，希望大眾知道各項工序如何配合協調。大家可能在自己的工作崗位上遇到不配合的情況，或會出現「樽頸」位置，以致工序未能順利進行。如果各工作單位能互相理解大家的工作，便有助減少磨合所引起之問題。

學習的時候，也要有客觀條件的配合。寫研究報告時要有周詳的文獻回顧（literature review），這樣方便回顧已知的研究成果，令自己弄清楚研究對象，才容易把研究範圍聚焦，準確地描繪出研究問題的重點。總的來說，我們辦事或學習時要弄清楚有關配套是否配合妥當——因為事情是否成功，妥善的配套是不可缺少的。我們學習也需要有預備配套的心理條件。

# 讀書要旁推交通
## 學科互相連通　要多角度了解

柳宗元：

「故吾每為文章，……本之《書》以求其質，本之《詩》以求其恆，本之《禮》以求其宜，本之《春秋》以求其斷，本之《易》以求其動，此吾所以取道之原也。參之《穀梁氏》以厲其氣，參之《孟》、《荀》以暢其支，參之《莊》、《老》以肆其端，參之《國語》以博其趣，參之《離騷》以致其幽，參之《太史公》以著其潔。此吾所以旁推交通，而以為之文也。」《答韋中立論師道書》

---

王安石：

「然世之不見全經久矣。讀經而已，則不足以知經。故某自百家諸子之書，至於《難經》、《素問》、《本草》諸小說，無所不讀；農夫女工，無所不問。然後於經為能知其大體而無疑。蓋後世學者，與先王之時異矣，不如是，不足以盡聖人故也。……彼致其知而後讀，以有所去取，故異學不能亂也。惟其不能亂，故能有所去取者，所以明吾道而已。」《答曾子固書》

　　柳宗元將學習推廣到不同領域，所謂「旁推交通」，乃指一門專業知識並不是孤立存在，而是和相鄰學科有互相連通、互相滲透的關係。王安石亦有類似的觀點，王安石在經學造詣很高，但是他沒有拘泥於讀經，而是廣泛地從經書之

外的其他書中，深入體會經書的內容，孜孜不倦地學習，使他的眼界愈來愈寬闊，學問愈來愈淵博，達到闊而深、博而專的境界。

從前有一個古老的故事：三個不同職業的人一起在郊野漫步，生物學家、地質學家、藝術家。他們在同一時間走同一段路，但所看到的卻不一樣。生物學家只顧觀察路旁的植物；地質學家主要留意路旁石塊的特徵；藝術家則留意景物光影的組合。[註 2.1] 其實，這是因為看事物的時候，大家基於各自的背景、各有各的知識架構組合，於是大家都會有不一樣的關注點。有些東西自己不感興趣，即使景物出現在眼前，也未必留意；亦有可能大家有不同的專長和基本的學科知識，所以對外來資訊有不同的接受程度，繼而只選擇聽取支持自己觀點的意見，戴了一副「有色眼鏡」。正如胡適先生所說，「達爾文研究生物演變的現狀，前後凡三十多年，積了無數材料，想不出一個單簡貫串的說明。有一天他無意中讀馬爾圖斯的《人口論》，忽然大悟生存競爭的原則，於是得着物競天擇的道理，遂成一部破天荒的名著，給後世思想界打開一個新紀元。」所以我們應該多讀書，一本極平常的書中，可能隱藏着一個很大的「暗示」。參考資料多，就可能有更多「暗示」浮現出來。

我們要培養「旁推交通」，多角度了解學習內容的態度。教育其中一個目的是讓我們能擁有多副眼鏡，從而能從多角度了解事情。這樣在學習或行事時，可令各環節在運作上更容易磨合起來；和他人合作時，更能明白如何做得更好，以獲取更佳效果。

# 訂計劃充實自己
## 運用學習體驗　鞏固知識技能

> 楊萬里：
> 「莫言下嶺便無難，賺得行人錯喜歡。正入萬山圈子裏，一山放出一山攔。」《過松源晨炊漆公店》

　　走下一重山嶺，只是將要攀登另一重山的新起點。世上之事發展不是直線的，而是迂迴曲折、千變萬化。做人應有一種作事嚴謹及負責任的態度，對於重要的事，不要「求求其其」，要有警覺性，不要有「自然會有人處理，我們不必理會」的心態。

　　許多問題並非可以預早察覺到的，而「估計不到」或「意想不到」的事往往發生。就舉一些日常的例子，很多時我們會利用電腦程式來處理數據，有些人得到資料，也許會「看也不看」，便把資料送出去，其實這是危險及不理想的。我們應該審閱這些電腦根據程式列出來的資料，令自己對問題有多一些掌握；又例如有些人用電腦軟件翻譯文章，也有可能「看也不看」把電腦翻譯本送出去。其實利用電腦程式幫忙，我們也必須在不同階段檢視數據，亦要在不同地方核實有沒有哪項工序遺漏，又或是有沒有地方出了誤差。

　　還有一種體驗，便是在工作中訂立一些計劃，充實自己，找機會再作進一步的發展。這裏涉及多方面的考慮：首先，我們看看有沒有進修的機會，最初可能為追求學歷文憑，但歸根究柢，我們要判斷新的進修能否幫助自己在工作上獲得更大的發揮空間？其次，可以學習他人怎樣處理自己覺得複雜的問題——很多時候，自己在崗位未能發揮所長，可能是受時間所限制，可能是技術支援不足，亦有可能是裝備上的問題。最後亦可進一步了解和熟悉行業內各工種，並且建立人際網絡，這方面也是重要的，如果有發展機會，也較容易找到幫助或找到合適的指導，甚或是合作的機遇。我的意思是，我們需要訂定一些短期目標，當自己完成一個目標後，又再定下一個目標，這樣便會有動力改善自己，尋找新的路向。世上之事發展不是直線的，學習時要有面對及適應變化的心理準備。

# 學習要虛心涵泳
## 態度虛懷若谷　深刻領會精華

朱熹：
「凡看書，須虛心看，不要先立說。看一段有下落了，然後又看一段。須如人受詞訟，聽其說盡，然後方可決斷。」《朱子語類》

　　朱熹十八歲中進士，但為官不過十四年，大部分時間都用來講學。他在江西廬山創立的白鹿洞書院是最早的哲學研究院之一。他豐富的實踐，令他總結出讀書方法二十四字訣，就是：

- **循序漸進**：讀書要按照邏輯體系和同學的水平有系統、有步驟、由低到高、由易到難、由近到遠、由淺入深地學習；

- **熟讀精思**：這是要求同學在記憶的基礎上理解，並深刻領會內容及有關見解，他有一個比喻：「譬如飲食，從容咀嚼，其味必長，大嚼大咽，終不知味也」；

- **虛心涵泳**：「虛心」指讀書要虛懷若谷，如實地體會作者的原意，不能固執己見；「涵泳」指讀書要深刻領會書中的精華和重點，同學要仔細、認真，反覆研究，切忌走馬看花，不能預先立說，不穿鑿附會；

- **切己體察**：讀書不能只停留在看懂書中意思，還應連繫實際，身體力行，要依靠自己的努力，要結合自己的思想和實際的經驗從外面去體察書中之味；

- **着緊用力**：讀書，必須抖擻精神下苦功，要勤奮認真，才能有所收穫；朱熹用破釜沉舟、撐上水船、救火治病為比喻，形象地說明治學要具有堅決果敢的精神；

- **居敬持志**：收斂心神是敬，「應事時，敬於應事；讀書時，敬於讀書」；精神專一集中，還要有堅定的志向，朝目標而努力，只有確立志向和樹立理想的人，才有可能堅韌不拔的克服困難和障礙去攀登學問的高峰。

　　我認為此六點中，最重要的是第三點「虛心涵泳」，讀書莫要自己心裏先有一個意思，此即不虛心。我們學習時不虛心，便會容易強把別人的說話或道理來解說自己意思，這樣很容易將新資訊納入既定的範圍之中，那麼自己的學問便難有進步。讀書治學首先不要有成見橫於胸中，這樣才能辨出道理來。

# 進修要按部就班
## 學習進階有序　切忌急功近利

王陽明：

「立志用功，如種樹然。方其根芽，猶未有幹；及其有幹，尚未有枝；枝而後葉，葉而後花、實。初種根時，只管栽培灌溉，勿作枝想，勿作葉想，勿作花想，勿作實想。懸想何益？但不忘栽培之功，怕沒有枝葉花實？」《傳習錄上卷》

「我輩致知，只是各隨分限所及。今日良知見在如此，只隨今日所知擴充到底；明日良知又有開悟，便從明日所知，擴充到底。如此方是精一功夫。與人論學，亦須隨人分限所及。如樹有這些萌芽，只把這些水去灌溉，萌芽再長，便又加水，自拱把以至合抱，灌溉之功，皆是隨其分限所及。若些小萌芽，有一桶水在，盡要傾上，便浸壞他了。」《傳習錄下卷》

　　學習視進展程度。王陽明在這兩段文字中，指出各人的智力和悟性均有差異，學習要有成就需要有一個逐漸提升的過程。今日所學，理解透徹，明日便有所開通，再從明天所知來發展推理，久而久之，學問自會進步。每人的接受力有限，求學應該根據每個人的情況去學習，不能急於求成。王陽明又以種樹之道譬喻立志用功，從根到幹、到枝、到葉再到花，要不斷栽培，要明白不能太計較成果而忽略求學之正

路，不能過分傾向於功利。學習會有進階，每個學習階段都需要按部就班。

在我的進修過程和工作崗位上，都有機會接觸厚厚的文件和冗長的文字。我喜歡把太厚的書籍或文件分成幾本篇幅較短的小冊，或短文，這樣可以較有信心地逐步逐步研讀每一份小冊子和文件。所以把要讀的書或要做的事分成幾個部分，然後逐項完成，是一個有效的策略。三國時代的諸葛亮在北伐中原之前，不也是要七擒七縱孟獲，平定南方，以便集中精神處理中原的戰事麼？

學習的時候，可因應同學的能力調校評核規劃，不能墨守成規，一成不變。

其實教育局在每個學科之課程及評核指引都有一些建議，作為教導及照顧不同能力同學之學習方案。安排專題研習時，為照顧學習能力較弱同學，可先收窄範圍，利用規模較小、難度較低的課業，逐步建立同學的能力和信心。不要起始時便「操 past paper」，應先以每科學習內容為起點，讓同學熟習內容。我還記得念大學的時候，有一位數學科導師很有心思。當年每周都有作業，他設計之作業，把解題步驟分成數個工序，由淺入深，較深奧的問題經分題後，初學者便可較易處理。至今我還對他的指導留下深刻的印象。進修時，大家切記要培養進階有序的心態，切忌急功近利。

# 要避免墮於一偏
## 抱殘守缺自封　多聯想助創見

袁枚：
「文尊韓、詩尊杜：猶登山者必上泰山，泛水者必朝東海也。然使空抱東海、泰山，而此外不知有天台、武夷之奇，瀟湘、鏡湖之勝；則亦泰山上之一樵夫，海船上之一舵工而已矣。」《隨園詩話》

清代詩人袁枚指出杜詩韓文（唐代杜甫的詩與韓愈的文）成就固然很高，然而他們的學問亦只是唐宋文學的一部分，如果只顧欣賞及學習他們的作品，也可能錯過了其他人的作品。故此學習要避免「墮於一偏」的心態，除此之外，亦要多聯想，多聯想可幫助產生靈感，另外也令我們找到方法輔助記憶。

學習英語的時候，有些字詞容易混淆，但我們可以用聯想法來幫助分辨一些容易混淆的字詞。我看過一些例子，其中一個是分子（numerator）和分母（denominator），中文容易得多，分子在上而分母在下。英文的兩個字卻不容易分辨，但可用 numerator 的「u」代表「上面」（up）而 denominator 的「d」代表「下面」（down）。另一對數學詞彙是縱座標（ordinate）和橫座標（abscissa），它們的中文名稱從字面已可分辨意思，縱座標和橫座標容易明白，但英文名詞並不易分辨。有人認為把 ordinate 念出來時，嘴型向

上拉開，故這是縱座標；而把 abscissa 念出來時，嘴型向橫拉開，故這就是橫座標。

　　其他例子也很多，石筍（stalagmites），中央的英文字母是 g，g 可聯想成「ground」，即是從地上聚起來，而鐘乳石（stalactites）中央的英文字母是 c，可聯想成「ceiling」，即是從上流往下面。再舉一個例子，畏高症（acrophobia）和廣場恐懼症（agoraphobia）是容易混淆的，但前者可聯想到雜技演員（acrobat），故恐懼和高度有關，而後者可聯想到農業（agriculture），故恐懼和空曠地方有關。另外一個例子是英文的在國外（abroad）和在交通工具上（aboard），前者有 road 這四個字母，所以便聯想到道路、是指「在外地」，後者有 oar 這三個字母，所以便聯想到船槳、是指「在交通工具上」。同樣在學習麵包（bread）和鬍鬚（beard）這兩個字的時候，常常會把它們混淆。後來我留意到耳朵（ear）是在臉部，故 beard 也應是在臉部，而閱讀（read）則令我聯想起邊吃麵包邊閱讀，便可把 bread 這個字記下了。最後，許多人會混淆了校長（principal）和原理（principle），但前者有 al，故是校長；後者有 le，故此是原理。

　　相信大家在學習過程中已有不少經驗運用聯想輔助記憶。總而言之，學習要避免「墮於一偏」的心態，記憶還是要倚賴我們努力。在學習新事物的過程中，有三個基本步驟我們可考慮採用。首先，我們可作初步檢視，看看內容有什麼特別之處；接着，便作思想上的組合，包括內容和以前知道的是否類似；最後，也可在往後的時間，定時重溫。

# 要有志有識有恆
## 努力堅持不輟　斷無不成之事

曾國藩：

「蓋世人讀書，第一要有志，第二要有識，第三要有恆。有志則斷不甘為下流。有識則知學問無盡，不敢以一得自足，如河伯之觀海，如井蛙之窺天，皆無識者也；有恆則斷無不成之事。此三者缺一不可。」《曾國藩文集・家書》

「作詩文，有情極真摯，不得不一傾吐之時。然必須平日積理既富，不假思索，左右逢原，其所言之理，足以達其胸中至真至正之情。作文時無鐫刻字句之苦，文成後無鬱塞不吐之情，皆平日讀書積理之功也。若平日盛釀不深，則雖有真情欲吐，而理不足以適之，不得不臨時尋思義理；義理非一時所可取辦，則不得不求工於字句；至於雕飾字句，則巧言取悅，作偽日抽，所謂修詞立誠者，蕩然失其本旨矣！以後真情激發之時，則必視胸中義理何如，如取如攜，傾而出之可也。不然，而須臨時取辦，則不如不作，作則必巧偽媚久矣。」《曾國藩文集・日記》

曾國藩認為有了堅定的志向和不斷的恆心，就自然會感覺到自己的學問還是不很充實，知識還不夠深遠，才智還不夠精密，能力還不足以應用。摒棄功利，拋離浮躁，便會

找到自己的不足和弱點，繼而追求學問。亦如荀子在《勸學篇》中所說「無冥冥之志者，無昭昭之明；無惛惛之事者，無赫赫之功。」荀子用大量比喻旨在說明一個人的學識並非一下子而成，而是靠長期用功、積累學問和鍥而不捨的精神而獲得。曾國藩也指出當我們有所感發而欲傾吐之時，如果平日用功，則能不假思索，左右逢源，以表達胸中之情。

當然這並不是容易做到的。有困難時不要放棄，除了有無比的勇氣和足夠毅力，還要有外人和朋友的鼓勵。可舉一例，很多人寫文章後怕修改，其實修改可以是多方面的，如果是修飾語文或修辭方面還簡單，內容的增減亦是相對容易，最大的改動是結構上之改正。無論如何，寫作不用害怕修改，每次如有要求修改，其實是學習的時機。工作需要，我每天都會預備文件，最重要是不怕修改。日子久了，便會學到如何令文字更簡潔，寫作時令詞彙更豐富。

知識是一點一滴積累起來的。高深的學問，也是慢慢地聚集起來的！我們學習時要有耐性，有困難時不要灰心，或可採取分層次學習，掌握不同層次的內容，自然不會容易把它們忘記。秦代李斯曾有名句：「泰山不讓土壤，故能成其大；河海不擇細流，故能就其深。」（《諫逐客書》）自古以來，學者都不斷提醒大家要保持有恆的學習態度！

# 結語

　　我有時候會看古書，為什麼我們還要看古文書籍呢？很多人會說，何苦去讀四書五經？這些古籍都已過時，還是去看暢談創新科技的書籍好了！

　　但既然還有人願意花時間去研究古書，必然有其價值，其中一個主要的原因是古文書籍多涉及恆久的問題。多年前我公餘進修哲學課的時候，有些卷別是自己選擇的，我起初沒有選擇康德（Kant）哲學，因覺其深奧。但後來修讀其他卷別的時候，發覺在很多不同的範疇和領域，都會涉及康德這個哲學巨人的見解，故最後我還是選擇修了康德哲學。柏拉圖（Plato）、亞里士多德（Aristotle）、康德這些哲學家的著述，所有研究西方哲學的人都必須修讀。著名哲學家懷海德（Whitehead）曾說我們所談論的哲學正是柏拉圖哲學的註釋！

　　我不時會想起近代學者錢穆的説話：「為什麼讀書便能學得做一個高境界的人呢？因為在書中可碰到很多人，這些人的人生境界高、情味深，好做你的榜樣……他們是由千百萬人中選出，又經得起長時間考驗而保留以至於今日，……世間決沒有中了一張馬票，成為百萬富翁而能流傳後世的。即使做大總統或皇帝，亦沒有很多人能流傳讓人記憶，令人嚮往。」[註 2.2]

達爾文研究生物演變，想不出一個單簡貫串的說明。無意中讀馬爾圖斯的《人口論》，得着物競天擇的道理。所以我們應該多讀書，書既是讀得多，則參考資料多，就有許多暗示從書外來。

# 第三章
# 要有心又要有力

疫情期間，大家不單擔心染上疫症，心理亦承受壓力。另外，追求學問時，難免有失意和挫敗，我們要懂得如何處理這種心情。孔夫子和唐代詩人王勃教人廣結良友，和賢友交往，可以從中得到很多啟發；宋代詩人蘇舜欽建議大家用積極態度做好眼前的事；明末學者陸世儀提倡立志尋找挑戰；清代學者張英鼓勵參考古人經歷；另一明代學者吳與弼指出不要讓情緒失控；晚清學者唐文治教我們要有強健的體魄……不同時代的詩人和學者指出，從不同角度去看世事，可在生活上找出正面意義。就好像陸游和王荊公，常懷希望，並抱有「柳暗花明」和「千帆隱映」的心境。因此，我們要具備適當的心理條件，方可應付挫折和挑戰。

# 傾吐心事尋知己
## 找知己來傾吐　不要埋藏心事

孔子：

「益者三友，損者三友。友直，友諒，友多聞，益矣。友便辟，友善柔，友便佞，損矣。益者三樂，損者三樂。樂節禮樂，樂道人之善，樂多賢友，益矣。樂驕樂，樂佚遊，樂宴樂，損矣。」《論語·季氏》

王勃：

「城闕輔三秦，風煙望五津。與君離別意，同是宦遊人。海外存知己，天涯若比鄰。無為在歧路，兒女共沾巾。」《送杜少府之任蜀川》

　　孔子認為廣交賢友，多多益善，和賢友交往，可以得到很多啟發。聽君一席話，勝讀十年書！唐代詩人王勃說明與人成為知己，即使遠隔天涯，也可如近鄰一樣。知己貴乎相知，空間的距離並不妨礙心靈的對話。

　　不開心的時候，很希望找人傾訴，但不是每個認識已久的朋友都是好的聆聽者。自己也會有時候「發牢騷」，但很多時都沒用，例如：當向上司報告一些異常情況，上司的回覆可能會倒過來斥責你未做好自己的本分；當向家庭成員表達一些別人不當的行為，家人可能會勸說你多為別人着想，

勿再「發牢騷」。找人傾吐，只是希望有人聆聽，不要讓鬱
悶纏繞着自己，以紓緩情緒。希望聆聽者能向自己說些鼓勵
的話，最好或能提供實際的協助。若當事人心理得以紓緩，
即使未能找到解決方案，也可能取得新靈感去應付當前的
困局。

　　找知己傾吐是可遇不可求的，好的聆聽者在聽朋友傾訴
時，要讓當事人發泄，不可打斷，不可說當事人之不是，不
會妄加自己的意見，要有包容的胸襟，還要有見識。孤獨的
時候，朋友可分擔你的寂寞；失敗、悲傷的時候，朋友可傾
聽你的心聲；狂妄的時候，朋友可促你冷靜謹慎；難於完成
任務的時候，朋友可能給你獻計，助你一臂之力。

　　如果你找到傾吐的對象，說過一遍後，可能找到另一角
度來解決問題；可能找到新的幫手；可能令自己停止胡思亂
想。新冠病毒肆虐的日子，有時候，心裏也會忐忑不安，幸
好有朋友開解，每次傾訴時，的確可停止自己腦子內的胡思
亂想。心理上除得到慰藉，也好像找到了背後的支持。和知
心朋友傾吐心事，或可能覓得一些新的思路。

# 要正面擁抱希望
## 默默耕耘做事　積極態度學習

蘇舜欽：
「寺裏山因花得名，繁英不見草縱橫，栽培剪伐須勤力，花易凋零草易生。」《題花山寺壁》

　　宋代詩人蘇舜欽的詩句提示了不管是栽培百花，還是剪伐野草，都要用積極態度去做。即使對前景不樂觀，也要用積極態度做好眼前的事，例如有些人做事只抱着準時上班、下班的工作態度，只做老闆要求的、表面的。但除了要緊守崗位，做好份內的工作外，還要用積極的態度來處理周圍發生的事情。時常看到的是，遇到一些需要跟進的特別情況時，一些人總會說那些是毋須理會的。很多時，這些人會提出以下的理由來說服他人：

- 有其他人會處理；
- 並非根本性問題，只是偶爾發生的事情，不用理會；
- 遲些事情便會好轉；
- 先找出誰要負責，才商量如何處理；
- 責任不在自己，不要自找麻煩。

　　相反，我的心態是如果是緊急的事，不要讓它惡化；如果是非緊急的，我也會了解一下，增加自己的見識，方便自己將來遇到類似的問題時，也會知道如何處理。

　　另外一種體驗是想要追求所做的事其背後的道理、或原則、或方法、或公式。我認為工作除了賺錢養家之外，也可以在心靈上提供滿足感。當一件事妥當地完成後，不是也有喜悅的感覺麼？即使是簡單的事情，當我弄清楚事情始末之後，我也會對自己説：「已懂得有關的門路，下一次我可以有不同且更好的做法。」當然，我們亦可多行一步，即使是一份普通的工作，也有層次可分。例如，我們在書店找書本時，詢問售貨員時，有些售貨員回答未能提供資料；有些則對書本內容有認識，也掌握書本的銷售情況，故此可提供很多資訊給顧客。其實擔任售貨員，應盡量對貨品有多一點認識，才可令工作更暢順，增加自己的滿足感。有困難的時候，做好份內的事，不胡思亂想，也是一種出路！

# 立志追夢非妄想
## 尋找挑戰機會　嘗尋覓新希望

陸世儀：

「有言天下方亂，恐無暇為學者，予曰：天下自亂，吾心自治。人當喪亂之餘，自謂無意於世，或悲憤無聊，無所事事；或佯狂放誕，適意詩酒；俱非中行之道也。世界自是太平，只賢者無所事事；詩酒自適，便做就今日許多喪亂，是皆不學問之害。賢者處此，正當刻意自勵，窮極學問，或切磋朋友，或勸勉後學，或教誨子弟，使之人人知道理，人人知政治。一旦天心若回，撥亂反正，皆出諸胸中素學，此便是為天地立心，為生民立命。若賢者人人自廢，學問種子斷絕，將來喪亂，如何底止？」《思辨錄輯要卷》

心裏不舒服，或對前途感到悲觀，又或感到恐懼時，不妨找一些正面的事來做，這是令自己舒服一點的方法。自己曾經嘗試：

- 拿小量資金作投資；
- 執拾家中雜物；
- 灌溉植物或種植蔬果；
- 戶外活動；
- 到外地旅行；
- 閱讀；
- 寫作。

　　其中想多花點時間談最後兩項。首先是閱讀，我會選擇名家作品，閱讀時會留意內容和結構，讀畢會問自己有什麼體會？當然在書籍、作者選擇上，也要下一點功夫。這種閱讀方法要自己努力思考，故此心境可以平靜下來，也在心理上自覺有所收穫。財產可以失掉，但個人學問不會。不是每個人都喜歡閱讀，但我個人喜歡這方法，因為我會思考文章的內容架構，以及它和其他文章內容的相互關係，這樣便可建立及豐富自己對於一些專題的學問。

　　寫作可能不是一般人的選項，但對我來說卻十分重要，有什麼東西能令自己在心情紊亂之時平靜下來作思考；有什麼東西能令自己在哀傷之時尋找新路向；又有什麼東西能令自己在困惑的日子收拾心情？我的方法便是將繁複的心情用文字記錄下來。書寫自己的感受，如情況許可，可往適當的地方投稿。但即使沒有發表，只留給知己或朋友看，都是值得的，甚至只留給自己看也完全沒有問題。這是因為寫下感想只是希望可以表達自己，跟別人繪畫、攝影、唱歌、跳舞、運動、演戲、行山等等活動是沒有分別的。寫作只為令自己有所表現，證明自己曾經努力過！治學的道理也一樣，故此我非常欣賞孔子：「其為人也，發憤忘食，樂以忘憂，不知老之將至云爾！」（《論語‧述而》）

# 讀書蠕增長道心
## 明白古人經歷　想通不如意事

張英：

「人心至靈至動，不可過勞，亦不可過逸，惟讀書可以養之。每見堪輿家平時用磁石養鍼，書卷乃養心第一妙物。閒適無事之人，鎮日不觀書，則起居出入，身心無所栖泊，耳目無所安頓，勢必心意顛倒，妄想生嗔，處逆境不樂，處順境亦不樂。每見人栖栖皇皇，覺舉動無不礙者，此必不讀書之人也。古人有言：『掃地焚香，清福已具。』其有福者，佐以讀書；其無福者，便生他想。旨哉斯言，予所深賞。且從來拂意之事，自不讀書者見之，似為我所獨遭，極其難堪；不知古人拂意之事，有百倍於此者，特不細心體驗耳。即如東坡先生歿後，遭逢高孝，文字始出，名震千古；而當時之憂讒畏譏，困頓轉徙潮惠之間，蘇過跣足涉水，居近牛欄，是何如境界？又如白香山之無嗣，陸放翁之忍饑，皆載在書卷。彼獨非千載聞人？而所遇皆如此。誠一平心靜觀，則人間拂意之事，可以渙然冰釋。若不讀書，則但見我所遭甚苦，而無窮怨尤嗔忿之心，燒灼不寧，其苦為何如耶？且富盛之事，古人亦有之；炙手可熱，轉眼皆空。故讀書可以增長道心，為頤養第一事也。」《聰訓齋語卷上》

清代學者張英這段文字能令我們振奮。面對困境，我們在心理上要有應對之方法。張英認為，讀書可令我們明白名傳千古之人所經歷的事情，多亦不盡如人意。如果平心靜氣地觀察他們的經歷，那麼人世間碰到不如意的事情，就可想通！不滿的想法也隨之而打消！一個人如果不讀書，那麼很容易只會看到自己的經歷而產生無窮無盡的怨憤，煩躁不安。人不可過分勞累，亦不可過分安逸，讀書學習可以使我們的心靈勞逸適中，讀書可以是我們的精神食糧。

有一些人物故事，會叫人感動，其中我最欣賞蘇軾和蘇轍兩兄弟互贈的詩句。原來蘇軾和蘇轍的父親蘇洵曾帶兩兄弟到汴京應試，中途在豫西澠池寄宿奉閑和尚之寺院，兩兄弟並在寺院牆壁題詩。二人同榜進士及第，到不同地方當官。蘇轍送哥哥蘇軾到河南鄭州，分手後想蘇軾會經過當年投宿的舊地澠池，有感而發寫了《懷澠池寄子瞻兄》：

> 「相攜話別鄭原上，共道長途怕雪泥。歸騎還尋大梁陌，行人已度古崤西。曾為縣吏民知否？舊宿僧房壁共題。遙想獨遊佳味少，無方騅馬但鳴嘶。」

蘇軾收信以後有所感觸，依着來詩韻腳和了一首《和子由澠池懷舊》：

> 「人生到處知何似，應似飛鴻踏雪泥。泥上偶然留指爪，鴻飛那復計東西。老僧已死成新塔，壞壁無由見舊題。往日崎嶇還記否？路長人困蹇驢嘶。」

　　此詩前四句喻人生漂泊不定，而後四句回想過往兄弟互相扶持的情景。詩中傳達之情意叫人感動。

　　後來蘇軾的政敵指控他以詩文譏謗朝政，宋神宗將他押入監獄，史稱「烏台詩案」[註3.1]，蘇軾恐怕會被判死刑，寫了《獄中寄子由》這首詩：

> 「聖主如天萬物春，小臣愚暗自亡身。百年未滿先
> 償債，十口無歸更累人。是處青山可埋骨，他年
> 夜雨獨傷神。與君世世為兄弟，更結來生未了
> 因。」

　　其中兩句「與君世世為兄弟，更結來生未了因」，展示深厚的兄弟情，為後世留下典範！

# 控制情緒要學懂
## 別讓情緒失控　控制自我情緒

> 吳與弼：
> 「大凡處順不可喜；喜心之生，驕侈之所由起。處逆不可厭，厭心之生，怨尤之所由起也。一喜一厭，皆為動於中也。其中不可動也，聖賢之心如止水，或順或逆，處以理耳，豈以自外至者為憂樂哉！」《日錄》

　　面對不安時，我們應如何處理？明代吳與弼曾有以上語句，他認為我們無論順逆，都應心如止水。

　　如果你留意周圍發生的事，你會看見很多事情，其中一種，便是司機和行人吵架。有一次我行經一條窄巷，有的士駛至，剛巧有路人在路中心行走。司機遂響號以示警告，路人心有不甘，回身拍打車頭玻璃，於是司機和路人便爭執起來了。運動場上，球員不滿裁判員的判決，擲爛球拍，大家也不時會在電視上看到。曾經有足球員說，在球場上，向對賽球員動粗之後，餘下時間都不能集中比賽，因恐怕對方報復自己！大家亦可能在報章上看到，有些人為了小事和人爭執，結果搞出人命。

　　我也曾有情緒失控的經歷，通常是在開會議的時候，很多時有與會者不待我說完便表示已經明白，但都是曲解了我

的意思，於是我也變得急躁起來。同時也有些人只顧表達自己所持的觀點，不講道理，只顧自身利益，甚或人身攻擊。又或在討論重要問題時，對方說出一些錯誤的資料，而我已澄清，但是對方仍然堅持並認為自己的資料是正確，反而否定我所提供的正確資料。在這些情況之下，人不會作理性的思考或討論，只強調某些觀點，甚或情緒發泄。這時，我們必須保持冷靜，理性面對，否則自己也發怒起來，不但會盡失儀態，而且也不能在會議上客觀地作出有效回應，解決有關的問題。所以我們必須學習如何自我控制情緒，不單止是在開會的時候，還有在其他場合、尤其在作策略上的決定時，更要詳加考慮，不可意氣用事，被情緒控制自己。

# 注意健康勤運動
## 先有強健體魄　方能專注事業

唐文治：

「然而矢有恆之志氣易，保有恆之精神難。有恆之精神，半生於磨練，半生於生理；我國民我學生非不知有恆之益，然往往因身體之健，以致精神萎蘼，不能持久。故學者宜先講求衛生，能衛生，則有恆之基以立，乃能操之不捨，行之而無倦，無論風雨晦明，干戈戎馬，造次顛沛，決不中輟矣。」《人格》

晚清學者唐文治說明了為學的時候，維持強健的體魄非常重要，做簡單運動是有幫助的。心中有煩惱的時候，可考慮花點時間來做運動，運動可以是多方面的，可根據個人興趣去選擇。做運動不是單從勞動筋骨的角度出發，而是因為運動令我們處於新的環境，令我們集中在另類的思想當中，好使我們冷靜下來。運動使我們專注在動作之中，又因為運動之後，身心疲累，晚上較容易入睡。如果未能做較劇烈之運動，可試試一些簡單的，例如：

- 步行一至兩層樓梯；
- 步行一至兩個車站的路程；
- 向上行一段斜路；
- 在微斜向上的行人路走至少十分鐘；
- 連續坐着一段長時間後，短暫步行二百至三百步；

- 夏天天氣熱也要多走走，可考慮在有空調的商場逛
  逛或在海邊漫步；
- 在家中做簡單的伸展運動，以防肌肉流失。

　　現時由於長者乘坐交通工具只需付兩元車資，我看見不少長者乘車，只乘一至兩個巴士站的距離。其實這樣短的路程，大可步行前往，鍛煉腿部肌肉。從另外一個角度看，令身體強壯也是必需的，要在困難處境中尋找出路，是要具備強健的體魄方能應付裕如。

　　自己也不是常常運動，但亦需要不斷找機會消耗積聚在身體內之脂肪，減少染病機會。曾患上多種疾病，那時候，不單止疾病令自己不能專注日常工作，意志也消沉下來，還是老套的一句話：注意身體健康！

# 逆境中克服焦慮
## 不同角度觀察　找出正面意義

杜牧：

「勝敗兵家事不期，包羞忍恥是男兒。江東子弟多才俊，捲土重來未可知。」《題烏江亭》

李山甫：

「為虜為王盡偶然，有何羞見漢江船。停分天下猶嫌少，可要行人贈紙錢。」《項羽廟》

李清照：

「生當作人傑，死亦為鬼雄。至今思項羽，不肯過江東。」《夏日絕句》

王安石：

「百戰疲勞壯士哀，中原一敗勢難回。江東子弟今雖在，肯為君王捲土來？」《烏江亭》

蘇軾：

「橫看成嶺側成峰，遠近高低各不同。不識廬山真面目，只緣身在此山中。」《題西林壁》

王陽明：

「山近月遠覺月小，便道此山大於月。若人有眼大如天，當見山高月更闊。」《蔽月山房》

曾國藩：

「古今億萬年無有窮期。人生其間，數十寒暑僅須臾耳。大地數萬里不可能極，人於其中寢處游息，晝僅一室耳，夜僅一榻耳。古人書籍，近人著述，浩如煙海，人生目光之所能及者不過九牛之一毛耳。事變萬端，美名百途，人生才力所能辦者，不過太倉之一粒耳。知天之長而吾所歷者短，則退憂患橫逆之來，當少忍以待其定；知地之大而吾所居者小，則退名利爭奪之境，當退讓以守其雌；知書籍之多而吾所見者寡，則不敢以一得自喜，而當思擇善而約守之；知事變之多而吾所辦者少，則不敢以功名自矜，而當思舉賢而共圖之。夫如是，則自私自滿之見可漸漸蠲除矣。」《曾國藩文集‧日記》

　　引了六首詩，想說明擺脫思維定勢的束縛，去尋找事物之意義。最初的四首詩都是有關楚霸王項羽垓下戰敗，烏江自刎之事蹟，但當中卻存在不同的想法。宋代李清照贊同項羽不肯過江東，她認為項羽不過江東，體現了不肯委曲求全的品格；唐代詩人杜牧則認為勝敗乃兵家常事，問題是如何面對失敗，如能忍受屈辱，等待機會再次奮起，戰爭的勝負尚不可預期；唐代詩人李山甫的觀點和杜牧的接近，他埋怨項羽未能選擇平分天下的方略，卻選擇了自刎烏江的錯誤途徑；王安石則不同意杜牧的見解，於是寫了《烏江亭》，予以反駁，認為重整旗鼓不會成功。

　　凡事都會有不同的觀點和看法，隨後我引了宋代蘇軾《題西林壁》和明代王陽明的《蔽月山房》，從不同的角度去看事物，會對事情有不同的感受。蘇軾經橫看、側看、遠看、近看、低看、高看，仍覺未能把握廬山整體面貌；王陽明的哲學以「心即理」、「致良知」、「知行合一」為主，認為「萬事萬物之現不外於吾心」，世上之理有賴我們的認識和把握。《蔽月山房》這首詩啟發我們擺脫思維定勢的束縛，去尋找事物之意義。人的認識是相對的，我們要從多角度看事物，才會對事物有更深入的了解。而曾國藩在日記中更指出從遠大的眼光看事物，自會有不同的感受，慨嘆人之渺小，事事只能盡力而為。

　　遇到不開心的事，改變想法是治療創傷的一個方法。不過我認為有一點非常重要，就是要有新的態度，有時需要從新角度去思考。神經學家維克多・弗蘭克（Viktor Frankl）勸勉我們在困境及苦難中找出積極的態度，他提出了一個例子：配偶身亡，丈夫悲痛不已。但弗蘭克卻指出，如果是丈夫早死，那麼受苦的便是他的夫人，所以從這角度來看，丈夫現時的苦楚也具意義！[註 3.2] 故此面對艱難，尋找正面的態度，發掘積極意義，也是一種大學問呢！

# 結語

　　讀過王安石的詩《江上》：「江北秋陰一半開，晚雲含雨卻低徊，青山繚繞疑無路，忽見千帆隱映來。」及陸游的《游山西村》：「莫笑農家臘酒渾，豐年留客足雞豚，山重水複疑無路，柳暗花明又一村。簫鼓追隨春社近，衣冠簡樸古風存，從今若許閒乘月，拄杖無時夜叩門。」心中自有一番感受，王荊公及陸放翁的詩句不約而同寫出了看似無望，而忽逢轉機的心理。詩句提示大家，在困難時要堅持，只要能堅持不懈，便可「柳暗花明」、「千帆隱映」，渡過難關，這正反映人生之「追索－困惑－頓悟」之境界。無論如何，在困境中，我們只能盡力而為，而當一切順利進行，已自覺是因幸運之神眷顧了。當然最重要的是自己能有豁達的心境，既已盡全力，便可問心無愧了。人生不斷有不順利之事發生，如何自我開解，是學習面對困難之機會。積累這些經驗，滋養為自己的個人素養。

恐懼時，不妨找一些正面的事來做，讓自己舒服一點，包括觀賞或灌溉植物。

# 第四章
# 迎難而上有辦法

遇到難題，大家應嘗試去解決。學習時不時會遇到困難，例如：有概念弄不清楚；有定律未完全掌握；有數據找不到；有數學題不能解；寫論文未找到結論；備試時未能記下資料；學習新課題時不知從何入手；記不到曾學的材料……遇到這些問題，有些方法可提供參考：荀子教導我們求學時，聽了資訊就應設法將資料消化、組織、融合在記憶中。韓愈強調學習過程中必須提出要點和關鍵，這樣便可留下深刻印象，不易忘記。宋代詩人黃庭堅教導大家廣搜博採，開拓視野，刺激思考。而宋代大儒朱熹則指互相比較有助學習。另一位宋代學者陸象山教我們讀書不可過急，要學得透徹，如有難明的地方，可先放過，另找時間弄通不明之處。王陽明指出做學問要從學生所知入手，加強學習的動力。唐彪倡用口訣輔助記憶。

# 聆聽資訊要處理
## 仔細聆聽資訊　消化組織融合

> 荀子：
> 「君子之學也，入乎耳，着乎心，布乎四體，形乎動靜。端而言，蠕而動，一可以為法則。小人之學也，入乎耳，出乎口。口耳之間，則四寸耳，曷足以美七尺之軀哉！」《荀子・勸學》

　　荀子教導我們求學時，吸收資訊便該用辦法消化、組織、融合資料在記憶中。否則，便如俗語所説，「左耳入，右耳出」，徒勞無功了。仔細聆聽資訊，其中一個重要的條件是同學要覺得學習內容有趣，令同學主動學習，自然會有較佳的學習成果了。孔夫子曾説：「知之者，不如好之者；好之者，不如樂之者。」（《論語・雍也》）知是對所學的內容掌握；好是對學習的對象產生欲望；樂是對學習的過程感覺到趣味的境界。教學時要盡量去發掘有趣味的課題，以發展同學學習的主動性。在學習的階段，我認為導師可提供不同的方法，協助同學學習，幫助他們吸收和消化資訊。例如，儘管大家會關心公開考試的模式，但在課堂中，引入新課題的時候，我們也可採用一些較有彈性的措施：

- 提供適當的參考資料；
- 提供多些回應的時間；
- 提供一些和同學討論有關課題的機會；
- 提供一些機會給同學作較深入的思考。

**提供適當的參考資料：**例如公開考試的一般情況下，考生是不許翻閱書本和筆記的，但是在課堂測驗，其實讓同學翻閱課本或筆記，是無可厚非的。我們希望同學能夠加深理解課題，如果讓他們翻查資料，會幫助他們溫習，當然導師在命題時不能只是設計側重要求背誦的課業。

**提供多些回應時間：**另外一種方法是讓同學將在課堂未能完成的測驗拿回家繼續做完。因為同學仍在初學階段，或未能熟習課題內容和有關的解答方法，是需要多些時間回應的。拿回家中完成是好的安排，但若擔心同學回家後請他人完成功課，大可在他們交回功課時，加添一些即場提問，檢視同學對課題的理解程度，便可使同學知道功課仍是要自己做，不能倚賴父母或補習老師。

**提供一些和同學討論有關課題的機會：**導師可以要求同學在測驗中多做一些專題的準備功夫。測驗之前的一段時間，導師可交給同學一些資料，要求他們閱讀，而測驗題目是保密的，到課堂測驗時同學才知道問什麼內容。這個方法可令同學在閱讀資料時有一個重點去思考，他們也可以大家互相討論資料的內容，但是由於問題仍然是保密的，所以同學之間也不可能互相準備答案。

**提供一些機會讓同學作較深入的思考：**可以安排討論會讓同學交流，然後要求同學寫報告來報道所學到的和所聽到的，例如可要求功課分成兩部分，第一部分是報告的撮要，第二部分就是自己的分析和理解，總而言之，課業設計可以是多樣的。

# 要掌握關鍵要點
## 記事必提其要　纂言必鉤其玄

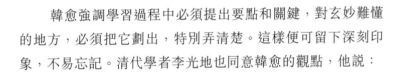

韓愈：

「口不絕吟於六藝之文，手不停披於百家之編。記事者必提其要，纂言者必鉤其玄。貪多務得，細大不捐。焚膏油以繼晷，恆兀兀以窮年。」《進學解》

　　韓愈強調學習過程中必須提出要點和關鍵，對玄妙難懂的地方，必須把它劃出，特別弄清楚。這樣便可留下深刻印象，不易忘記。清代學者李光地也同意韓愈的觀點，他說：

> 「此文公（韓愈）自言讀書是也。其要訣卻在『記事』『纂言』兩句。凡書目過口邊，總不如手過；蓋手動則心必隨之，雖覽誦二十篇，不如鈔撮一次之功多也，況『必提其要』，則閱事不容不詳；『必鉤其玄』，則思理不容不精。若此中更能考究同異，剖斷是非，而自紀所疑，附以辨論；則滯知愈深，著心愈牢矣。……讀書要搜根；搜得根便不會忘。將那一部書分類纂過，又隨章札記；復全部串解，得其主意便記得。」（《榕村集》）

　　通常參加講座後，很容易會忘記內容，故聽完之後，應把重點記下。那麼，有什麼有效方法呢？一個可行方法是寫

下提綱，將來有需要時便可重溫。曾經參加一個投資講座，
講者在完結之時，特別突顯八個重點，他用的方法是把有關
的八張簡報投影片（PowerPoint slides）重現出來，每張投
影片都會問一道問題，參加者可在投影片上找到答案，為增
加氣氛，主辦者還有獎品給予答對的參加者！

　　讀書時，能夠提出關鍵要點，並劃出玄妙難懂之處，自
然較容易記下內容。現實生活中，不難發現有講者採取重複
關鍵字之方法來幫助大家。曾經聽過宗教活動講者在講道完
結前重複數次內容的關鍵字，鼓勵大家思考有關課題。這絕
對是個有效的方法。記下關鍵要點，這個方法的好處，在於
能夠用不同的主題來把內容連結起來。

# 廣納資訊增見識
## 不斷開拓視野　有助刺激思考

黃庭堅：
「然江出汶山，水力才能泛觴，溝渠所并，大川三百，小川三千，然後往而與洞庭、彭蠡同波，下而與南溟北海同味。」《答何靜翁書》

北宋詩人黃庭堅正道出廣納資訊，不斷擴闊我們認知領域的重要性。我們如果能夠有目的地廣搜博採、開拓視野，學習氣勢會變恢宏闊大，而且經過廣泛積累融會貫通，大量知識會哺育我們的思想，啟迪我們的智慧，發揮之成果能比前人的成就更高。正如蘇軾所說：「博觀而約取，厚積而薄發」（《稼說送張琥》）。亦如朱熹所說：「蓋積蓄多者，宮忽然爆開，便自然通，此所謂何天之衢亨也。」（《朱子全書・卷六》）。

從學術角度來說，心理學家指出我們根據自己所知所學組織起來，所形成的認知架構叫「基模」（schemata），遇到新事物再把新的加上去同化（assimilate）。基模不是一成不變的東西，它們會隨着新體驗而改變，這就像郵差一樣，拿着大堆信件，放入不同之信息箱內（pigeon hole）一樣，當有愈來愈多信件的時候，原來信息箱便不能應付，於是要

建立各類的信息箱來應付不同類型的信件。博學，正好幫助我們建立各類的信息箱。

　　遇到困難不知怎麼辦時，首先回顧過去在類似情況是如何處理，知道以前的處理方法可以提供方向刺激思考，不會不知所措。但是，如果這樣仍不能解決即時的困難，便要化難為易。第一，要定下範圍，找出核心處，再把難點分成不同部分，然後看看縮窄範圍後，有沒有過去的經驗可作參考。有較大的知識庫作基礎，可幫助重新組織概念，加深對問題的理解，自然可以有更大機會解決困難。

# 互相比較助理解
## 拿資料作比較　引起跟進動力

朱熹：

「凡看文字，諸家説有異同處，最可觀。謂『如甲説如此，且擭扯住甲，窮盡其辭；乙説如此，且擭扯住乙，窮盡其辭。』兩家之説既盡，又參考而窮究之，必有一真是者出矣。」《朱子語類》

　　朱熹指出，互相比較，是審查資料的好方法，也是開始接觸陌生東西的入門之路。

　　當大家需要處理一些陌生資料而不知道從何入手的時候，不妨嘗試在資料裏找一些項目作比較，這樣可以令我們更熟悉資料。比較，可以是把不同時間的資料比較；可以是實施了一些措施之後的比較。事實上，我們時常會將資料各個階段之不同特點作縱向的比較，例如檢視驗血報告時，可以拿上一次的數據來比較；又或收到電費單時，把數據和去年同一月份的耗電量比較。不過比較資料只是一個理解的起點，令自己慢慢去逐步了解其他的資料，隨後便要分析細節。

　　有一次，大廈業主立案法團要處理外牆漏水的問題，並需要做防水維修，由於要面對很多項目的報價資料，自己起

始時不想去看，但後來，又收到另一間公司的報價資料，於是便找一些項目，看看兩間公司如何處理，在這樣互相比較下，便有一些項目突顯出來，隨即自己亦會追看其他有關的東西。

多作一些比較對學習有幫助。學習某些項目的時候，不妨同時思考類似的情況，然後逐點作比較。例如，念歷史課可思考不同政治人物所推行的政策，一個典型的例子是比較史太林和墨索里尼兩人在國內政策之異同；又或是念物理課時，學習電流和電壓時，也可將它們與水流和水壓作比較。

工作時要校對文件，我喜歡把中文版和英文版互相比較，當中可以找到許多需要更正的地方。寫作的時候，也會比較不同版本，思考研究後，自會有所體會而作出決定。據說王安石寫《泊船瓜洲》時，詩中的「春風又綠江南岸，明月何時照我還」，「綠」字曾考慮用「到」、「過」、「入」等，最終覺得「綠」字最能引出春滿江南的意境。

# 學習過程分先後
## 認清課程內容　安排學習次序

陸象山：

「學者讀書，先於易曉處沈涵熟復，切己致思，則他難曉者，渙然冰釋矣。若先看難處，終不能達。舉一學者詩云：『讀書切戒在慌忙，涵泳工夫興味長。未曉無妨權放過，切身須要急思量。自家主宰常精建，逐外精神徒損傷。寄語同遊二三子，莫將言語壞天常。』」《陸象山語錄》

　　宋代哲人陸象山教我們讀書不可過急，要學得透徹。如遇有艱澀難明的地方，可先放過。稍後回頭再讀時，或有新的角度，可能不再感到困難了。有時候，我們要給自己時間消化學習內容。學習任何東西要有適當的準備，看看是否掌握先備知識（pre-requisite knowledge），如果還未掌握，最好能補習好。例如數理科目很多內容是一層一層接上的，某些概念是建立在另一些概念之上，所以要把基本的內容弄清楚，並掌握各個概念的相互關係。另外一點，就是要刺激思考，所謂「心之官則思，思則得之，不思則不得也。」（《孟子·告子章句上》），而我們可從發問開始。最常見的方法是自我提問，主動地提出「什麼」。

- 文章的主旨是什麼？
- 作者寫作的目的是什麼？
- 有什麼難以明白的地方？

我閱讀時，喜歡在每一個環節問自己：
- 這段文字的重點是什麼？（然後嘗試替這段文字加上標題。）
- 與主題有什麼關連？（然後試替這段文字寫大綱。）
- 需要連結什麼補充資料？（然後看看如何去參考補充資料。）

　　不同人可以有不同的學習目標，所以大家亦可以設下不同的終極學習成果水平，例如：由於數學科是中學文憑試的必修科目，故此便有兩個高低不同的水平——基本的是必修部分，而較高水平的是延伸部分。[註 4.1] 另外，必修部分的課程內容分成基礎課題和非基礎課題兩個部分，命題時把題目分為甲、乙兩部，鼓勵同學按部就班分段去學習。[註 4.2] 記得以前在中學念書的日子，每一次數學科測驗的時候，除了必定作答的部分，試題也會印有其他題目，當時導師總說：「如果有時間，可繼續試做那些題目。」我認為這是值得參考的做法，可以令同學在學習時定下更具挑戰性的學習目標。

# 熟悉處境利學習
## 引發學習動力　加強信心解難

王陽明：

「我何嘗教爾離了簿書訟獄，懸空去講學？爾既有官司之事，便從官司的事上為學，才是真格物。如問一詞訟，不可因其應對無狀，起個怒心；不可因他言語圓轉，生個喜心；不可惡其囑托，加意治之；不可因其請求，屈意從之；不可因自己事務煩冗，隨意苟且斷之；不可因旁人譖毀羅織，隨人意思處之。有許多意思皆私，只爾自知，須精細省察克治，唯恐此心有一毫偏倚，杜人是非，這便是格物致知。簿書訟獄之間，無非實學。若離了事物為學，卻是着空。」《傳習錄下卷》

在這裏，王陽明是回應一位下屬官員之說：「此學甚好，只是簿書訟獄繁難，不得為學。」王陽明卻主張要在事上為學，「格物致知」是在一言一行中認識和實踐。如果有人有官司之事，便從官司之事上去學習，在簿書訟獄之間，去做「格物致知」的功夫，做學問要從學生所知入手，加強學習的動力。

一個提升學習興趣的方法，就是多找具趣味性之題材。無論是基礎課題或非基礎課題，都可尋找有趣之題材，而即

使是非基礎課題亦有富趣味性之內容，例如學習「排列組合」時，可引用日常生活例子：英超賽事有二十隊，進行雙循環比賽，全個球季共有多少場賽事？如減少至十八隊，可減少多少場比賽？六合彩在四十九個號碼中經攪珠取六個號碼，可以出現多少個「組合」？

在學習過程中和設計習作時，可向同學提供適當提示。首先，設計習作的時候，要根據同學的程度及進度來設計。有些人喜歡用公開考試的題目作練習，在學習過程末段，這是無可厚非的。但如果在課程剛剛開始的時候，便拿公開試的試題練習，則可能會嚇怕了某一些同學。一個比較可取的方法是在設計課業時，起始時降低要求，在問題中提供更多提示；而在較後期，提出較高的要求，在問題中給予較少提示。解答數學題時，可分拆運算步驟，配合適當提示，便有助同學學習。

王陽明認為教導時可從同學熟悉的事入手，優點是增加同學的信心，亦可增加學習動力，上手之後再看進度調節教和學的策略。

# 出口成文念口訣
## 天下之理浩繁　詩歌約語括之

唐彪：

「天下之理，不多方闡明，則不能透澈；但闡發既多，又苦書籍浩繁，不能記憶，開卷即了了，掩卷則茫然，不能得其益矣。若闡發詳悉之後，更以詩歌約語括之，雖數千百言可約之於數十字，何其簡易也！」《讀書作文譜》

　　唐彪所言正是。同學有時候說記不了這麼多的資料，但我們不是時常用口訣來幫助自己嗎？年幼時熟念乘數表，所以在日常生活中一般運算便能從容應付。七字口訣也常用，我們不是用「齊、楚、燕、韓、趙、魏、秦」來形容「戰國七雄」？學「彩虹七色」，也難免說「紅、橙、黃、綠、青、藍、紫」，音樂亦會學「Do、Re、Me、Fa、So、La、Ti」。

　　另外一種方法是用口訣把步驟連合起來。很多人喜歡用四字口訣，曾在電台收聽跟醫療有關的節目，主持節目的醫生建議聽眾要留意中風的先兆，請大家記下「談笑用兵」口訣。這是醫學界提醒我們要留意中風的先兆：

- 「談」是指說話時是否口齒不清，有詞不達意或說話有困難的情況；
- 「笑」是指在微笑時，嘴型變歪或單邊嘴角下垂；

- 「用」是指手腳是否軟弱無力，動作不協調；
- 「兵」是指如果出現上述情況，便要找救兵，即盡快把病人送往醫院救治。

英語也有類似的方法，例如「FAST」這個詞也是中風先兆的口訣：
- 「Face」看看對方微笑時有否嘴角歪斜；
- 「Arm」看看舉起雙臂時有沒有異常情況；
- 「Speak」說話時有沒有口齒不清或無法表達；
- 「Time」如果出現上述情況，便要召救護車送病人往醫院。

寫文章時，老師曾介紹「起承轉合」：
- 「起」是指介紹文章之要義；
- 「承」是指承接中心主題之論述；
- 「轉」是指其他還要考慮之東西；
- 「合」是指綜合各方面之解說並作最終之結論。

中醫診症有所謂「望、聞、問、切」：
- 「望」是指觀察病人的外表；
- 「聞」是指觀察病人身體的症狀，例如舌頭；
- 「問」是指和病人口述溝通，提問適切問題，了解病歷；
- 「切」是指替病人把脈。

口訣是幫助記憶的重要工具之一。曾聽過有人將中國歷史朝代更替寫成了六句口訣：「唐堯虞舜夏商周，春秋戰國亂悠悠，秦漢三國晉統一，南朝北朝是對頭，隋唐五代又十國，宋元明清帝王休！」

# 結語

　　克服困難和上課一樣，參考失敗經驗，在困難中學習。本章介紹了一些方法來克服學習上的困難。清初詩人屈大均以神虯、鴻鵠設喻，以張良作比，鼓勵友人。如果沒有受艱辛磨練，如何成就大業呢？屈大均有詩《贈朱士稚》：「神虯樂泥蟠，鴻鵠安紫荊。飛騰亦何難，所貴忘吾形。子房久破產，一身如浮萍。英雄不失路，何以成功名。」清代詩人蔣湘南亦有詩句，說明克服困難便是磨練自己，蔣湘南有詩《反行路難》：「憂患才成識字才，風霜不上庸人口。君不見龍門作史遊名山，班超投筆來玉關。學書學劍宜如此，樂府莫歌行路難。」

　　年輕的時候不開心，很多時都會和學業或工作有關。在求學階段，有時覺得學科內某些概念學不好，而在職場上，我們或會遇上很多不同的問題。大家可能曾有以下的經歷：

- 學業上遇到挫折，未能選讀心儀之學科；
- 遇到一些事情，受自己學識所限，不能處理；
- 工作如雪片飛來，時間緊迫，自己應接不暇，要在同一時間處理不同的事情；
- 事業發展未如理想；
- 沒有做錯事，但卻被人錯怪；
- 自己做錯了事，不單止後悔，還要作補救措施；
- 未能妥善處理人際關係。

如果一切順利，便不知道遇問題要如何處理，每一次失敗的經歷其實都是一次學習體驗。我們常說：「經一事，長一智。」便是這個意思。愛迪生也曾說：「失敗也是我需要的，它和成功對我一樣有價值；只有在我知道一切做不好的方法以後，我才知道做好一件工作的方法是什麼。」不要讓問題阻礙學習，不要讓自己墮進迷宮而找不到出口。每一次失敗，每一個挫折，都會增加我們的見識和閱歷。

凡有事故發生，最好能找出原因，避免同樣事情再次發生。

不要讓問題阻礙學習，不要讓自己墮進迷宮而找不到出口。

# 第五章
# 天生我材必有用

「天生我材必有用」的意思，是指我們應當好好地發揮我們天賦的各種才能。每人的天賦才華不同，人之才能各異：有人擅長語文；有人擅長科學；有人擅長藝術，各人應盡自己本分，好好學習和發揮，古人這句勉勵的說話，是要我們懂得如何發揮自我潛能！不同時代的學者對這課題有獨到的見解：孔子運用因材施教的原則，針對教育對象的不同特點和實際情況進行教育和教學；孟子主張根據不同的對象調節教學的內容；陶潛鼓勵大家互相切磋的重要性；蘇軾提出「八面受敵」讀書法，建議每次讀書只依一個意向求知；王陽明建議學習期間應以正面鼓勵為主，提高他們的興趣和學習的積極性；王雲五介紹專題研習的好處；冰心則指出各人要明白每個人都有不同的角色。

# 因材施教有基礎
## 充分了解學生　特長瞭如指掌

孔子：「德行：顏回、閔子騫、冉伯牛、仲弓。言語：宰我、子貢。政事：冉有、季路。文學：子游、子夏。」《論語・先進》

「子路問：『聞斯行諸？』子曰：『有父兄在，如之何其聞斯行之？』冉有問：『聞斯行諸？』子曰：『聞斯行之。』公西華曰：『由也問聞斯行諸，子曰有父兄在；求也問聞斯行諸，子曰聞斯行之。赤也惑，敢問。』子曰：『求也退，故進之；由也兼人，故退之。』」《論語・先進》

　　針對對象的不同特點進行教學是儒家教學原則之一，而孔子乃是因材施教的先驅。孔子認為學生各有不同特點，故此教學方法應有不同。孔子主動與學生交談，深入地了解學生，細緻地觀察學生的舉動，這樣做有助於了解學生。從孔子的論述可以知道不同弟子的性向：顏回好仁、子路好勇、子貢好商、冉求好政。孔子根據學生不同的興趣及愛好，設計出適合弟子的學案，使他們的興趣得以發展。同一問題，孔子卻有兩個不同的答案，在《論語・先進》篇，由於子路好勇，故孔子告誡他要謹慎；而冉有膽小怕事，故孔子

給他打氣。孔子對每一個學生都有充分的了解，對每個人的性向和特長都瞭如指掌，這是孔子能做到因材施教的基礎。

我教導學員的時候，也察覺到不同的人在學習上可以有很大的差異，例如，同學學習目標會有差異，可以在適當練習的時候，提供提示。這是一個常用的方法：在給同學練習的時候，有些同學領悟力很強，不用什麼協助，便可完成功課，但有些同學可能需要一些協助，我們應提供適當的輔助，可以在課業裏提供輔導和指引。提示大致可分為三種類別：

- 提供參考資料（reference）；
- 提供答題資料（hint）；
- 列出起始步驟（cue）。

第一種是最簡單的，只需指出在那裏去找有關的資料，例如可向有困難的同學，解釋解難的方法可以在參考書那一段章節找到，又或指出問題屬於那一個範疇的內容。第二種就提供多一些資料，幫助思考，例如指出應該用什麼方法又或要考慮的條件及因素。第三種就是最直接的把要求完成的第一個步驟寫出來，例如是填充題，可考慮到把答案第一個字母寫出來，這種做法在語文測驗甚為常見。另一個是在數學科常見的例子，如果解題的步驟繁複，可把第一個步驟列出來，那麼同學便可能找到線索，因而解答了那道數學題。

# 擴闊課程益處多
## 準確識別人才　恰當用其所能

> 孟子：
> 「君子之所以教者五：有如時雨化之者；有成德者；有達財者；有答問者；有私淑艾者。此五者，君子之所以教也。」《孟子‧盡心上》

　　孔子因材施教的道理為孟子所繼承和發展，孟子把學習對象分成五種不同的類型，對不同類型的人應有不同的教育方式。「有如時雨化之者」，即優秀的學生，只要加以指點輔導，就像及時雨露滋潤草木，很快便成長；「有成德者」，即器宇穩重的人，如能針對其德性，所長加以培植，可成為有德之人；「有達財者」，即有特別才能的人，如就其特點加以培育，可成為專才；「有答問者」，即一般學生，透過答問方式啟導，可輔助他們學習，使他們有所領悟而成才；「有私淑艾者」，即未能直接授業的學生，可用「聞道以善其身」的方式接受教育。

　　在現實生活裏，有些人喜歡發展多方面的興趣，有些人則喜歡對事情作較深入的研究。大家可以看到英國中學的制度，中一至中五階段會要求同學在學習上有一定的闊度，考中等教育普通證書（General Certificate of Secondary Education，簡稱 GCSE）的時候，可選修十個學科以上；

中六至中七的階段才在普通教育高級程度證書（Advanced
Level）的課程，選擇三至四科作較深入的學習。香港在
1994 年至 2012 年期間的高級程度會考也有類似的安排，除
了高級程度科目（Advanced Level subjects）外，更設有高級
補充程度科目（Advanced Supplementary subjects）。這些科
目的學習時數是高級程度科目的一半，這樣同學可選擇的學
科數目自然更多了。[註 5.1]

　　教導別人的時候，可以有兩種不同手法。第一種是按着
內容的邏輯秩序鋪排；另外一種則是從某一種應用項目為切
入點，引起同學的興趣之後，才引入有關的理論，然後再把
整個概念及內容整理。我個人較喜歡第二種方法，因為同學
會較有興趣學習，雖然亦有同學會較喜歡依邏輯秩序學習具
概念及理論性的材料。有些人發現問題的時候，會把表面的
事解決，但有些人會學習或追求原理或原則，不會滿足於當
下的成果，而願意多花些時間，期望能找出方法來解決長遠
的問題。例如小學的時候，我數學成績不太理想，很多困難
的項目，像工程問題、植樹問題、時鐘問題等等，書本或老
師多教同學用公式處理有關的問題，但我卻喜歡用原始原理
去處理，結果在中學時數學成績才較為理想。由於每個人的
性向不同，所以每人都要找適合自己的治學之路。

# 會友討論讀書法
## 鄰曲時來相聚　齊來切磋學問

陶潛：

「昔欲居南村，非為卜其宅。聞多素心人，樂與數晨夕。懷此頗有年，今日從茲役。弊廬何必廣，取足蔽床席。鄰曲時時來，抗言談在昔。奇文共欣賞，疑義相與析。」《移居二首》

顏之推：

「《禮》云：『獨學而無友，則孤陋而寡聞。』蓋須切磋相起明也。見有閉門讀書，師心自是，稠人廣坐，謬誤差失者多矣。」《顏氏家訓·勉學》

張籍：

「出則連轡馳，寢則對榻床，搜窮古今書，事事相酌量。」《祭退之》

　　晉代陶淵明的詩句，正好說明他搬家之原因，不是要較佳的居住環境，而是為了與志同道合的人一起切磋學問。隋代顏之推及唐代張籍亦指出和志同道合的學友聚在一起，通過交流，可提高自己的學識水平。

　　有時候，要解決難題，或需要找新的角度；和別人討論，我們往往可以在討論中找到新的觀點。好的討論可從

「口頭報告」開始，同學在做課業的時候，導師應盡量給予同學機會發揮自己的專長；學習中段時，可讓同學作一些口頭的讀書報告，需知道有部分同學是喜歡用「口頭報告」形式來表達自己的；最後階段，才要求同學作文章式的答題。雖然公開考試不用「口頭報告」形式考核，但作口頭報告的好處是同學需要理解基本內容，方能作報告，導師可從同學的表現提供意見，令他們改善，例如：

- 對於學科內容的理解；
- 口述內容是否具連貫性；
- 表達技巧是否具說服力。

其實，要把內容說出來一次，可令自己思考更多的問題，平時沒有留意的事情，在準備階段或會察覺得到。

再進一步，要加深學習內容的理解，可把同學分成小組，然後要求小組對一些理論作出闡釋，這種方法可讓同學互相切磋，但同學需要作一些預備工夫，否則討論的內容便會流於空泛。從學習的角度來看，小組討論學習的效果非常顯著，最重要的地方，是從互動中刺激思考，尋找靈感及學習方向。要作有效的討論，需要有多個條件配合。首先，需要理想的主持，主持人的工作，是要帶領討論，把要傾談的內容，分配時間。當人們在偏離主題時，必須加以糾正，如果有人只顧說自己的一套，便需要制止。除了要有明白事理的主持人，同學還需要作適當的準備。如果交流內容貧乏，那麼討論便很容易走樣，變成一個社交聚會了。所以好的預備工夫非常重要，豐富的內容和資料可以大大刺激交流

和討論。討論時，切忌偏離題旨，這種情況很容易發生，因為各人都會依自己的興趣發言，於是討論便離開了原來的話題。參與者亦需要有良好的互動，當提出個別課題時，便容易發展出新的內容和新的觀點，只靠個人的意見，討論的空間未必很闊，但是大家如果有好的互動，便能引出新的思潮，參與討論人士的興趣亦大大提升。如何令討論維持呢？首先參與的人要有良好的分析能力，能夠把課題內容的細節展露出來，或指出它們的相互關係，如果能弄清楚內裏項目的來龍去脈，對理解有關的課題便大有幫助。

另外，同學亦需要良好的綜合及組合的能力，在討論過程中，自然有不同的觀點和屬於不同範疇的材料及內容。這要看參與者能否整合被提出的內容，建立一個簡單而清晰的架構。參與者本身亦要尊重他人的見解，不應只談個人的意見，也要讓別人有空間表達自己的看法和感受，這樣才能製造良好的互動和溝通。

總結的時候，最好由參與者自行作一個簡單的撮要，亦可作回顧和帶出結論。這些工作不一定要主持人來處理，任何一個參與者都可以對討論的內容作出判斷及結論。如果有人整理自己的看法，或作一個綜合性的總結，將有助大家在離開之前作有關方面的思考。

# 八面受敵讀書法
## 每次閱讀材料　只作一意求之

蘇軾：

「書富如入海，百貨皆有之，人之精力，不能兼收盡取，但得其所欲求者耳。故願學者，每次作一意求之。如欲求古人興亡治亂聖賢作用，但作此意求之，勿生餘念；又別作一次求事跡故實典章文物之類，亦如之，他皆仿此。此雖迂鈍，而他日學成，八面受敵，與涉獵者不可同日而語也。」《又答王庠書》

　　蘇軾的方法是根據《孫子兵法》的軍事術語來說明，意思是「我專而敵分」，如果八面受敵，萬萬不能八面出擊，而要集中自己的力量擊敵一面，一次又一次分割包圍，逐個擊破敵人。如果讀一本書，想把所有問題同時解決，結果是什麼都想知道卻變成什麼也不知道。蘇軾提出八面受敵之法，是因應一位叫王庠的人準備應試，向蘇軾請教讀書方法，蘇軾在回信中指示了方法。蘇軾說拿到一本書，分多次讀完，每次只專注於一個方面的內容；下一次，再着重另一方面的內容；讀了數次之後，全書的內容便可掌握了。蘇軾用自己讀《漢書》的經驗來闡釋「八面受敵」之讀書方法，他讀《漢書》是按「治道」、「人物」、「地理」、「官制」、「兵法」，分多次完成。

　　不同學者曾用過類似方法，「作一意求之」是從局部入手。清代學者李光地讀《左傳》也用這方法，在《榕村集》內曾說把《左傳》分類編纂：「言禮者一處，言樂者一處，言兵者一處，言卜筮者一處，嘉言美行一處，如此容易記」；朱熹也建議學生用這個方法，幫助養成分析的能力。如讀小說，第一次可求故事結構，第二次求人物描寫，第三次求人物與故事之穿插。

　　談到自己的讀書心得，很慚愧，通常我遇到一個新課題而需要作較深入的探討時，我或會用以下問題幫助思考及建立架構。學習一些艱深課題時，我會分段式作以下考慮：

首先要找到癥結所在，故此有以下之提問：
- 是關於什麼的事？
- 為什麼會產生問題？
- 有哪些可能的後果？

了解最基本的東西後，便去找更多有關的資料：
- 有沒有背景資料？
- 是否知悉事件發生之次序？
- 有沒有背後的假設？
- 有沒有什麼限制？

最後便談到個人的看法：
- 有沒有東西需要作選擇？
- 個人的感受怎樣？
- 將來的發展是怎樣的？

# 要誘發有序學習
## 自發不覺厭苦　有利成長進步

王陽明：

「大抵童子之情，樂嬉遊而憚拘檢。如草木之始萌芽，舒暢之則利達，摧撓之則衰痿。今教童子，必使其趨向鼓舞，中心喜悅，則其進自不能已。譬之時雨春風，沾被卉木，莫不萌動發越，自然日長月化。」《傳習錄中卷》

　　王陽明認為學習應以正面鼓勵同學為主，提高同學的興趣和學習的積極性，故此他極力主張誘發同學學習，使他們自動自發地學習而不覺厭苦。

　　提高積極性，可考慮用進階式的評核模式，學問有不斷深入的層次。古代學者倡學有宗旨，如果目標要有所選擇時，各人可按不同的目標學習；在評核的過程中，不忘要盡量設計有鼓勵作用的測試，鼓勵同學按部就班地學習。從考試管理角度來看，可以考慮設計分級考試，即不同難度的測試，就像樂器測試一樣，可以把測試分為不同等級，第一級是最基本的，而演奏級是最高難度的。有些同學從第一級學起，一直到第八級，然後再進入較高難度的級別。這種做法的好處，是讓同學選擇合適難度的考試，這樣可以提高學習興趣

的效果，另外，學習目標亦清晰，由於同學不需要每個程度都去考，他們只管選擇適合自己程度的測試便是，所以安排非常具彈性。

另外一種方法，是設計不同難度的考卷，把兩個不同程度的測驗連結起來。從前中學會考英文科有課程甲及課程乙的不同程度考試，課程甲程度較淺而課程乙程度較深，兩個考試的評級有一個等值表作比較。[註 5.2] 現時中學文憑試英文科也設有不同程度之考卷，聆聽及閱讀部分有這樣的安排，每卷一共分為三部分，考生只需完成其中兩個部分，第一部分（Part A）是全部同學必須完成，第二部分（Part B1）較容易，最後的第三部分（Part B2）較難，能力高的同學可選考較難的 Part B2，而能力較弱的則選較容易的 Part B1。這種安排在外國的考試很普遍，而由於香港中學文憑考試有類似安排，同學即使學習程度有差異，但仍可就不同難度應試。[註 5.3]

# 專題研習增樂趣
## 鼓勵專題研究　提升學習興趣

王雲五：

「如何能鼓起讀書的興趣，和養成將來不斷讀書的習慣呢？我以為最好不過是一開首便擇定一個中心問題，寫一本有系統的書稿，或是一篇有系統的論文。……如能擇定一個中心題目，寫篇有系統的論文，那讀書既有目的，自然而然的翻着有關係的圖書雜誌，去蒐羅材料。如果得着相當的材料，正如淘沙得金，其快樂可想而知。如果得不着相當的材料，正如饑思食渴思飲，其慾望之濃厚，又可想而知。」《王雲五演講：讀書的方法》

　　公開考試一些科目設有專題作業，這裏亦想利用機會介紹專題作業的要求。此種評核的模式多稱為「專題研究報告」，或「專題研習」，其目的在測試同學對選定論題進行研究的能力。

　　有些人會誤以為「專題研究報告」加重了同學的壓力，但其實「專題研究報告」只是學習的一項工具，令同學可以對一些項目作較深入的探討和學習。有些同學或許不喜歡考筆試，卻喜歡對有興趣之課題作較深入之研究，那麼他們可能會喜歡「專題作業」之評核模式。

　　有一些考試容許同學選擇筆試或提交作業，自己多年前修讀哲學課程時，由於想較深入學習康德哲學，便選擇交作業代替其中一張考卷。一個典型的專題研習可包涵以下的步驟：

- 訂立一個可研究之範圍；
- 確立研究主題並擬定標題；
- 蒐集資料及數據；
- 分析資料及數據；
- 作結論性的論述。

　　很多科目都設有這樣的評核模式，是因為同學可以接觸到不同學習方法的模式。一般而言，同學會選擇一個有趣的課題作為研習的中心，同學先作資料蒐集，例如文獻回顧（literature search），然後對研究問題作出解釋及規範，找出問題重點，深入探究。探究的方法有多種，主要是找出重點的資料，可以是透過問卷、面談、實驗等等。下一步便要作資料的分析，然後把發現及結果有系統地表達出來，還有作簡短的結論。大致來說，專題研習可根據下列項目評分：

- 探究（資料蒐集及數據）；
- 內容（適合度及結構）；
- 表達（清晰度及語言）；
- 結論（見解及論證）。

　　很多人以為專題作業一定要大規模工作，其實它也是一個學習工具，研究範圍可大可小，視乎學習環境及需要而定，目的猶如學者王雲五所說，是為了提升同學的學習興趣。

# 各人有各人位置
## 做好份內事情　仍能自得其樂

冰心：

「創造新陸地的，不是那滾滾的波浪，卻是他底下細小的泥沙。」《繁星》

「世上的一切事物，只是百千萬面大大小小的鏡子，重重對照，反射又反射，於是世上有了這許多璀璨輝煌、虹影般的光彩。沒有蒲公英，顯不出雛菊；沒有平凡，顯不出超絕。……所以世上一物有一物的長處，一人有一人的價值。我不能偏愛，也不肯偏憎。悟到萬物相襯托的理，我只願我心如水，處處相平。」《寄小讀者》

　　不如意或灰心的時候，我喜歡讀冰心的詩《繁星》和《寄小讀者》其中一篇有關「蒲公英」的文章。人各有才能，要緊守崗位，做好份內的事，便無愧於心，自得其樂。一般人看重波浪而輕視泥沙，但冰心對默默耕耘的泥沙卻給予肯定；而沒有蒲公英，便顯不出雛菊，而沒有平凡，亦顯不出超絕。

　　上述兩段文字，我會不時重溫，提醒自己雖然平凡，但也需要在崗位上發揮。社會上各人都有一個位置，每人都可以在崗位上，做好自己的本分，做有意義的事情，貢獻社會。

也許有人會說，小小的工作崗位，談什麼貢獻？一個小人物有什麼貢獻可言？但就像一支足球隊，球隊有不同的位置，有守門員、後衛、中場球員、前鋒，大家都有自己的職責，雖然外界可能較重視前鋒，因為他們負責入球，但比賽的勝負人人有責，中場、後衛、守門員的表現亦會影響球隊的表現及每場比賽的結果。另外，球會的領隊及教練都是球隊的領導人物。還有，其他的支援人員，例如：後備球員、訓練員、軍醫等等，他們在球隊內也扮演重要的角色。最後，比賽要有球證執法，他們也有角色，即使是拾球僮，也要做好自己的本分，方可令比賽順利進行。總的而言，能夠肯定自己，緊守崗位，我們才能在別人面前站起來，發揮自己的潛能。做好自己的本分，也是快樂的事。緊守崗位，做好自己的本分，我會做三件事：「清晰表達（articulate）」、「吸收（assimilate）」和「調節（accommodate）」。首先是「清晰表達」，清晰地把工作細節描繪出來；其次是「吸收」，把新知識和新事物有效地納入我們的知識系統；還有「調節」，調節原來的安排去接納新的要求，新的觀點。

# 結語

　　教育應因材施教，培育性分之固有，人人各成其德，人人各效其能。唐代詩人寒山有詩《夫物有所用》：「夫物有所用，用之各有宜。用之若失所，一缺復一虧。圓鑿而方枘，悲哉空爾為。驊騮將捕鼠，不及跛貓兒！」而清代詩人顧嗣協有詩《雜興》：「駿馬能歷險，力田不如牛。堅車能載重，渡河不如舟。舍長以就短，智者難為謀。生材貴適用，慎勿多苛求。」他們分別指出準確地辨識人才的重要性，這兩首詩說明了天生我材必有用，但不能正才歪用，只有準確地識別人才，才能恰當地用其所能。識別人才、發現人才、選拔人才，比如人的身體，眼睛看、耳朵聽、口說話、鼻子嗅、四肢動，都是為身體服務。各人做好本分，我們應以共同的身體作根本，而並非只注重知識技能的事情。

王陽明：「大抵童子之情，樂嬉遊而憚拘檢⋯⋯今教童子，必使其趨向鼓舞，中心喜悅，則其進自不能已。」

# 第六章
# 備試心得齊分享

本書旨在回應如何讀書的問題，在自序中我曾提出：「如何讀書才可在考試拿到好成績？」而讀書和考試又有密切的關係，故在本書末段也提提考試。我曾在《另類考試錦囊》一書探究有關應試的問題[註 6.1]，此處，特別拿出一些問題和大家討論：

　　· 學習時要特別留意什麼？

　　· 公開考試考什麼？

　　· 應試要留意什麼？

　　· 如何在評卷時確立標準？

　　· 答卷樣本如何用？

　　· 公布成績有哪些考慮？

　　· 考試是否阻礙了學習？

# 學習的四個要點
## 多讀書勤思考　要虛心能實踐

韓愈：

「讀書患不多，思義患不明。患足已不學，既學患不行。子今四美具，實大華亦榮。王官不可闕，未宜後諸生，嗟我擯南海，無由助飛鳴。」《贈別元十八協律》

　　學習時要特別留意什麼？韓愈提出治學要留意四個方向：多讀書、勤思考、要虛心、能實踐，這樣終能在學習過程中有所收穫。這首詩是韓愈被貶往潮州時寫給元十八的臨別贈詩。「讀書患不多」，我們要多讀多看；「思義患不明」，即讀書過程中要勤思考；「患足已不學」，不滿足所學，學無止境，故要虛心；「既學患不行」，要學以致用，事事躬行。韓愈在這詩中指出讀書怕讀得不多；思考書的道理怕不清楚；又怕自滿而停止不學；懂得了道理卻怕未能貫徹行動。因應不同的學習層次要求，求學也要依據我們的能力去盡力回應四個問題：認識問題、方法問題、態度問題、目的問題。四種品質要結合起來，才會有收穫，故稱「四美」。追求任何學問都要追求知識、學習方法、治學心態和應用機制，四者皆應重視。所以希望同學求學不要只顧預備考試，更甚的是過分倚賴背誦。韓

愈反對讀書太講功利，也不主張速成，他對學生李翊說：
「無望其速成，無誘於勢利，養其根而俟其實，加其膏而
希其光。根之茂者其實遂，膏之沃者其光曄。」（《答李
翊書》）

人們問起我在考評局難忘的日子，我必然會說是 1996
年的中國語文及文化科的背文事件 [註 6.2]。當人人怪責考試鼓
勵背誦的時候，卻沒有人出來指出這是一種誤解，考試並不
完全倚賴背誦，只是有部分人太倚賴背誦方法備試，甚至連
應付作文考試也靠背誦範文來準備。希望大家預備考試的時
候，能用正確的讀書方法，上課時留心聽講，不明白的向老
師請教，平時多用功，不要臨急抱佛腳；應考時，要弄清楚
題目的要求給予貼合的回應，自然會有好成績。韓愈正好指
出讀書的「四患」，我們在學習時要留意。

# 讀書能解便能記
## 找出背後道理　所學即能易記

唐彪：

「讀書能記，不盡在記性，在乎能解。何以見之？少時記性勝於壯年，不必言矣；然盡有少年讀書不過十餘行，而壯年反能讀三四十行；或少時閱書一二張，猶昏然不記，壯年閱書數十張，竟皆能記其大略者。無他，少時不能解，故不能記；壯年能解，所以能記也。橫渠子曰：『凡人能透徹大原之後，書即易記。』此言先得我心也，惟經歷者始知之。」《讀書作文譜》

　　宋代學者張載及清代學者唐彪皆指出讀書能解便能記的道理。學習過程中要強調找出原理或原則。尋找基本規則的重點，在於我們能否從表面的資料，找到背後的組織或原則。下面是一個簡單的例子，如要記下這群組數字並不容易：

**26　　80　　242　　728　　2186**

　　但如察覺這組數字是 $3^n - 1$ 的分子，那麼就很容易把資料記下來。

　　學習任何事情，如果只靠背誦資料，未必可以掌握全部真相，最好能找出資料背後的來龍去脈，找出背後道理，便能將所見從容地記下來。另外一個例子和學習英語有關，大家可看看下面的文字：

interesting ／ interested

intriguing ／ intrigued

boring ／ bored

disappointing ／ disappointed

tiring ／ tired

exciting ／ excited

fascinating ／ fascinated

exhilarating ／ exhilarated

　　曾有一段時間不知道哪時候用前者，哪時候用後者？其實，前者是引發的事物或事件，而後者是人的感覺，明白了這一點便不會把它們混淆。大家要了解「一理通，百理明」的道理。故此學習任何東西應盡量找出背後原理或原則，那麼學習自會事半功倍。

　　數學學習如果能夠掌握原理，也會提升學習興趣，舉例來說，我們覺得某些運算繁複，但重要的是明白運算的作用是什麼。例如有知名人士認為學習 5 的平方根是過時，但我認為這說法欠清晰。怎樣計算 5 的平方根可能是過時，但平方根的概念並沒有過時。面積 1000 平方公里的正方形土地，邊長多少？如果要作粗略之估算（ball park figure），平方

根的概念是重要的。還有,如果沒有平方根的概念,未必容易學習數學 n 次方根的意思呢!

公開考試考甚麼?一般人就會說考記憶、考背誦,我則希望大家抱平常心思考這問題。假設有一天,你要去考急救證書,考官不會在考場內要求你背出講義的內容,而會給你一個假想情況,問你會如何處理。同樣,在一般公開考試,試題會給你一個假想情況,問你會如何回應。一般而言,同學都會是修讀一個課程然後考試,所以考試有學術內容,試題便根據這些內容來擬訂。公開考試有數學科、歷史科、文學科、物理科等等,各科都有需要學習的知識內容。不要以為語文類科目是純粹技巧的表現,它是建基於日常生活的課題,假設同學有基本日常生活的知識內容,然後要求同學作回應。無論是哪一種學科,回應大致有以下三類:

- 應用學科知識的能力;
- 處理與學科有關資訊的能力;
- 表達學科知識的能力。

根據考評局提供的共通等級描述,香港中學文憑考試所強調的三種能力包括:

- 對課程內容有廣泛的認識和透徹的理解,能把概念和技巧有效地應用到多元和複雜的新穎情境,並擁有深入的見解;
- 能分析、綜合和評價廣泛的資料;
- 能精簡及邏輯地傳達意念和見解。[註 6.3]

　　不過，話說回來，同學必定要掌握基本的學科知識內容，方能應付考試，有了基本學科知識內容，便能根據題目要求作回應。即使是語文科目，也會建基於常識、時事等；另外一點，切忌答非所問，只顧寫下自己預備之材料。到這裏，大家或許會明白「書到用時方恨少」的道理吧！考試所考，正是同學對課程之理解！

# 答案一定要切題
## 針對題目所問　避免答非所問

杜甫：

「甫昔少年日，早充觀國賓。讀書破萬卷，下筆如有神。
賦料揚雄敵，詩看子建親。李邕求識面，王翰願卜鄰。
自謂頗挺出，立登要路津。致君堯舜上，再使風俗淳。
此意竟蕭條，行歌非隱淪。騎驢十三載，旅食京華春。
朝扣富兒門，暮隨肥馬塵。殘杯與冷炙，到處潛悲辛。」
《奉贈韋左丞丈二十二韻》

　　應試要留意什麼？首先要熟讀考試範圍包含的內容；
另外要正確理解試題要求；然後有效回應題目所問。首先要
熟讀考試範圍有關的材料，王安石非常敬仰詩人杜甫，他編
《四家集》時把杜甫列於首位，有人問：「老杜詩何故妙絕
古今？」王安石答：「老杜固嘗言之矣。」對方不大明白，
王安石大聲吟道：「讀書破萬卷，下筆如有神。」杜甫這兩
句詩對我們並不陌生，意思亦容易明白，當我們讀通了很多
書，胸羅萬卷，寫文章便如有神靈幫助一樣，得心應手，揮
筆自如。「破」並不是把書弄爛，清代詩人袁枚在《隨園詩
話》裏說：「蓋破萬卷，取其神，非團圝用其糟粕也」。其
實這詩是杜甫的牢騷語，在詩中詩人並非自誇，而是與下文
「殘杯與冷炙，到處潛悲辛」形成對比，顯出世道之不公。

要正確理解試題要求，需要明白試題設計有三個部分：

- 背景概述
- 題目提問
- 同學回應

故此擬題時，擬題員會作三種不同的考慮。

- **設計背景並作適當概述：**我們可假設同學都已完全掌握所學的，於是可直接提問，例如談到法國大革命，可直接發問法國大革命的成因是什麼？但是這種方法只能評估同學直接寫出學科內容的能力，卻未能考驗同學能否在指定情況下把所學有效地應用出來。由於需要考核不同的共通能力，所以擬題員會不斷設計新穎事例，看看同學能否有效地處理。這些事例，可用不同形式表達出來，包括：著名篇章的句子、實驗或調查的結果、短文敘述、假想情況、繪圖或圖片、表列數據等等。

- **考慮如何提出問題：**發問也是多方面的，同學務必弄清楚題目要求方可作答，例如「解釋情況」和「描述情況」是不同的，比較兩項事件也不單是把項目分別說出來便算。我們要針對題目所問，然後作答才對。如果問題是要評價某一件事的影響，而考生只作敘述，可以被視為答非所問。同學的答案，必須直接回應題旨，如果在答案中，只寫出無關的資料，或背誦

書本的標準內容，只會暴露同學未能充分理解題旨的
弱點。

- **考慮考生如何回應提問**：設計試題時，負責審題的
  人亦要考慮同學可能給予的回應。如果是選擇題
  （selected response questions），負責審題的人還
  要提供不同的選項。即使是同學提供答案的試題
  （constructed response questions），擬題員也要考慮
  字眼和答案的關係，最主要是擬出評卷參考，供日後
  閱卷時用。而在審題階段，評卷參考會發揮另一作
  用，讓審題委員會委員知道命題原意和要求，從而確
  保題目是用適當的文字表達要求。

　　現代考試，學生作答要有效回應題目所問，不要盲目只
顧書寫已背誦的材料。在紙筆考試中，許多人只顧在答案欄
中填寫自己預先溫習的資料，以為這樣便拿到高分，這是錯
誤的做法。為解釋提供適當情景這一點，我很喜歡引用著名
心理學家霍華德加德納（Howard Gardner）的一段文字：

　　「以下的方法可以有效地測試同學是否理解所學的內
容，要求同學審視一個新穎而未曾接觸過的課題或事例，看
看他們如何拆解其中的內涵。」

他把同學可能作出的回應，分為三類：

「對課題有透徹了解的同學，會把相關的概念拿來應用在課題上；但與該主題無關的則不會使用。至於有初步認識的同學，他們會把部分有關的概念拿出來使用，或指出可用的資訊或資料。而那些對課題只有膚淺理解的，則只會採用一些沒有太大關係的材料，或完全不知道應採用什麼概念來解決有關的問題。」[註 6.4] 不少著名學者也曾提出類似的觀點，例如韋萊司（Phil Race）曾作以下批評：

「同學須緊記，要根據題目指示的方向作答，切勿憑自己想像的題目回應，同學在考試時失分最大原因，是未能回應題目的要求。」[註 6.5]

另外一位學者司德寧（Royce Sadler）也曾有過類似的批評：「許多同學的答案都沒有針對有關的課題作回應，或去解決有關的問題，或去嘗試解答有關的疑問。更甚的是他們自己完全不察覺自己的錯誤，問題之癥結不在於他們做得不夠好，而在於他們所提供的答案，是一些另類的材料及東西，雖然與原來課題有關連，但卻不是題目所真正要求的。」[註 6.6]

# 評卷參考找標準
## 評卷參考闡述　課程標準要求

「公孫丑曰：『道則高矣！美矣！宜若登天然，似不可及也。何不使彼為可幾及而日孳孳也。』孟子曰：『大匠不為拙工改廢繩墨，羿不為拙射變其彀率。君子引而不發，躍如也，中道而立，能者從之。』」《孟子‧盡心篇上》

「梓匠輪輿，能予人以規矩，不能使人巧。」《孟子‧盡心篇下》

「羿之教人射，必志於彀；學者亦必志於彀；大匠誨人，必以規矩，學者亦必以規矩。」《孟子‧告子篇上》

　　孟子認為學習目標不宜隨意改動，子弟使用刀斧不能中規中矩，便廢棄繩墨，物終不能成。學射的弟子手笨力弱，便降低引弓的度數，那麼射程必不及遠，勞而無功。故此學習目標應該明確，而評核是配合課程所設計，課程要求既定，評核自會跟隨，相應之水平亦應保持，不可隨意搖擺。如何在評卷時確立標準？我們可從公開考試評卷參考得知考試標準要求。評卷參考是如何設計的呢？在擬訂試題初稿時，擬題員需同時草擬一份評卷參考，它跟試題一樣須經審題委員會詳細討論，修訂至滿意為止。由於評卷參考包含了擬題員期望同學對問題所作的回應，所以評卷參考必須在命題階段

制訂出來。一般而言，評卷參考有兩種重要的資訊：第一種就是根據試題擬定的建議答案，有關科目涉及應用知識的能力，例如：數學、物理、化學、生物等，這些科目的評卷參考除了列出解答的步驟，還會列出給予不同步驟的分數；另外一種評卷參考，有關科目試題沒有既定的答案，但評卷參考通常會列出考查重點及評分準則，而每一項準則會設一把量度尺（rating scale）去指導評卷員評分。要明白考查同學答題表現是根據三項因素的，這三個因素是：

- 題旨的理解；
- 答題的內容；
- 適當的表現。

　　第一點，同學必須理解題旨，答案必須直接回應題旨。如果在答案中，只寫出無關的資料，或背誦書本的標準內容，只會暴露同學未能充分理解題旨的弱點。這裏可以舉一個例子：如果題目問如何向外國人介紹中國傳統節日，而答案只顧描述市民如何慶祝中秋節或端午節，則未必可以拿到高分。首先我們要明白，應該介紹不只一個節日，另外節日除了要描述慶祝方式外，還應闡述節日背後的歷史背景、中國人家庭相聚的意義等，這些環節都是重要的。答題前，同學都要通過解題的重要步驟，才可作答，切忌只顧寫下自己已經熟習的資料而非回應題目要求解決的事項。

　　第二點的要求，是要有豐富的內容，要言之有物。同學應該能在敘述理論或事件時，提供細節，例如描述人物，可交代他們的背景和經歷；其次在立論時，光談道理或理

想或理念或主張是不足夠的，還需要加插例子和説明，以豐富立論的內容。還有，如果有不同的觀點或內容需要闡述的時候，最好能在引入論據時，有連貫性的解説，不要讓讀者覺得內容臃腫和結構鬆散。

至於第三點是要有適當的表現，前文曾介紹香港中學文憑試所強調的三種能力：

- 應用學科知識的能力；
- 處理與學科有關資訊的能力；
- 表達學科知識的能力。

當然同學要根據試題指示來回應，並且在任何課程的課題，都能夠有充足的準備回應所要求的答案。應試時同學只須適切回應試題所問，自能考取佳績。解答計算題時，同學不應只顧計算答案，而忽略展示計算步驟，因為即使最終答案計算錯誤，閱卷員通常也會根據評卷參考的指示，在同學展示計算步驟中找出錯誤所在之餘，也會對同學所示步驟的正確部分給予適當的分數。但是，如果計算步驟寫得不詳細，又不清楚，令閱卷員覺得同學對有關知識內容仍然未能完全掌握，便會導致同學失分，這是十分不值的。同學須緊記，要根據題目的要求作答！

# 答卷樣本如何用
## 參考答卷樣本　理解答題要求

孔子：

「三人行，必有我師焉！擇其善者而從之，其不善者
而改之。」《論語‧述而》

　　答卷樣本如何用？一般考評機構會提供一些答卷樣本，給教師及同學參考。一般而言，每個成績等級都會有相應的樣本，並會有適當的解釋説明。考評機構多會提供答卷樣本（exemplars）給同學參考，這項安排對回答開放式題目尤其重要。由於這類考題沒有標準答案，答卷樣本便是非常有用之資料，我們可從答卷樣本知道考評機構對答案「內容」、「結構」、「表達」不同範圍的要求，但最重要的是我們要從正面思考，尋找方法令自己有更佳的表現；我們千萬不要因為別人做到，而恐怕自己做不好，好像《修女也瘋狂 II》（Sister Act II）電影中，同學見到其他學校同學優秀的表現而極為驚慌和害怕，重要的是我們必須從正面去看，明白自己的位置，依着自己所學去發揮。

　　我建議大家仔細閱讀這些解釋説明，因為有三種好處。

　　首先，一般開放式試題並沒有特定答案，雖然有要求作答的架構，但並沒有規定的內容，如果能有各級的答卷樣

本，那麼試卷主席之評卷要求會更清晰。教師和同學參考這些資料之後，對內容、組織及表達三方面之要求，會有一定的概念。其次，藉這些不同之樣本，考評機構可利用它們來說明解答題目時，同學可考慮不同的角度或方法，提供採用不同角度和觀點的答卷，正好說明有關試題可接納不同的觀點。外界有時會誤解在某些課題上，作答時要採納某一個立場。其實，如果能夠展示在同一級別內，採用不同觀點的答案，便可清楚說明考試要求的不是只有一個的觀點，而是論述是否清晰及具說服力。最後，考評機構或試卷主席亦可用有關例子來說明一般常犯之錯誤，有時候或可拿數個樣本來作比較或對照，或用這些資料指出哪一個作答方法有缺點；哪一個作答方法較優勝。

各級答卷樣本無疑提供了有用的資訊，不過，大家切忌把樣本答案視作標準答案，也不要盲目背誦。善是較好，不善是較差，結果是從比較之中見到的。三個人在一起行事，便可觀摩研究，除本人之外，將其他兩個人的行事，比較起來，有一個可能較好，另一個可能較差，研究其所以較好的原因而學習，並研究其所以較差的原因而設法避免。孔夫子正好指出互相觀摩研究的好處。

# 讀書非全為分數
## 考試成績反映　學習成果水平

陳宏謀：

「近來功利詞章之習，流而不反。讀書者所在不乏，顧書自書，而我自我。每見讀書之人，與未讀書者無以異。讀書之後，與未讀書時無以異。竟似人不為科第，則無取乎讀書；讀書已得科第，則此書可以無用矣。居嘗窺見及此，耿耿於懷。」《臨桂學案·寄朱紀堂書》

清代學者陳宏謀指出讀書人多以功利為主，鮮留意當中義理，形成「書自書，我自我」。陳宏謀提倡不應由功名指導讀書，讀書求知識，不應只為放榜時的成績。

從考試的行政角度來看，公布成績是一項專業的學問。公布成績有什麼考慮？公布成績其中一個常用方法便是頒發畢業證書。畢業證書，是很傳統的概念，意指在考試中，同學要有指定組合科目的成績，方可拿到證書。1968 年以前的香港中學會考，也曾採用這方法，同學要在同一考試取得中文、英文、數學及其他兩個科目「合格」方可拿到畢業證書 [註 6.7]。這個制度的好處，在於令同學們清楚了解辦學者對他們的要求，但缺點是如果同學只強於某些科目，但其他類別的科目弱，例如：語文強，而數理弱，同學便可能拿不到證書。現在香港公開考試採用的方法是以「科目為本」的報告

成績方法,這個報告成績方法,主要是在證書上顯示同學的應考科目成績,而各科的成績組合要求由「用家」來決定,不須由考評機關或教育當局來釐定。

從前的香港中學會考,實際上有三個層次的成績組合,受教育界關注。第一個是最基本的,許多僱主要求申請人要有中學會考五科 E 級或以上的成績(包括中文及英文),方可申請職位。不過如果想念中六的話,要求會稍高一些,通常要有六科 E 級或以上(包括中文及英文),因為這是報考高級程度會考的最低要求。另外大家可能還記得以前時常說到的「14 分」,有些人誤以為要有「14 分」,方可念中六,其實不是。由於在上世紀九十年代,學校中六班學額有限,許多中五考生即使有符合報考高級程度會考的資格,亦未能在原校升讀中六,故此定出「14 分」的界線,同學如果拿到「14 分」而學校仍有學額,應優先取錄原校的同學,而不能錄取其他學校成績較佳的申請人。

現時中學文憑考試,成績組合層次可能簡單一些,大致有兩個層次的要求,較高的一個是大學最基本的入學要求,其中英文科及中文科必須在三級或以上,而數學科則在二級或以上。另外一個層次和修讀高級文憑課程的要求有關,同學要拿到五科二級或以上的成績,而且必須包括中文及英文。

總而言之,科目為本的報告成績方法非常具彈性,是一個以用家自定要求的方法,但我必須強調,在中學階段,各科課程只涉及最基本的內容,同學不應只集中學習小量科目,宜在中學擴闊自己的知識面。

# 考試管理話配套
## 專才互相配合　確保流程暢順

> 王安石：
> 「蘇州司業詩名老，樂府皆言妙入神；看似尋常最奇崛，成如容易卻艱辛。」《題張司業詩》

　　王安石是對唐代詩人張籍的讚許，而考務工作和寫詩同樣「看似尋常」，表面看來簡單，但是背後要考慮不同的元素，並且要求考試工作者發揮創意、解決困難。我認為考試管理有七個部分，每個部分都會有不同部門參與，各部門要有效協調，方可令考試順利進行。我曾用考評機器（examination engine）來形容有關運作。

　　第一項是確立目標和有關規則。先談考評目標，例如中學文憑考試旨在認證，認證什麼呢？考試規則內已清楚指出主要目的是要確定考生在完成中六課程後所達致之學術水平，故此同學應明白要以平常心來迎接這三年的學習，只要跟隨老師指導，加上平時用功，必能克服困難，在考試中有所表現。

　　考評管理上第二項主要步驟是提供考綱。文憑試考生可參考教育局及考評局出版的課程及評核大綱，文件已勾劃了考試內容，記得以前讀書時各科課程只有非常簡單的描述，

要學的東西並不清晰；現在不同，什麼課題要考，什麼不用考，都清楚說明。

第三就是設計試題。大家應試前會看考評局設計試題的參考資料，例如：樣本試題，水平參照資料套、練習卷及過往的試題。課程內容有其闊度，亦有其深度。闊度是指有不同的學習領域，讓同學有多方面的渠道來發展自己的興趣；深度是指內容讓同學有較高層次的思考及學習。公開考試的設計，必須反映課程背後設計的理念。

第四就是評卷工作。評卷工作倚賴評卷參考，過往評卷參考只限老師參閱，是有其原因的，因為評卷參考是用來輔助評卷，它不是標準答案，反過來說，它可能包括了不同程度的答案，很可能令同學困惑。無論如何，同學仍會覺得評卷參考有用，如果試題涉及既定答案，可參考其解題步驟；如果是開放式試題，則參考評卷時所考慮的答題重點，例如：有沒有足夠論據、表達是否清晰等等。

第五就是公布成績。我不宜在這裏作太學術性的討論，但在公開考試中，決定用什麼方法來公布成績的時候，會考慮以下的因素，是用分數、名次或等級？一般考評機構都會選用等級，但也要考慮以下的問題：

- 如何劃分等級？
- 如何解釋或說明等級水平？
- 如何維持跨年考試的等級水平？

第六是考務問題，有五大範疇，一是考試規則；二是試場與人手安排；三是特殊考生考試安排；四是處理異常事件；

五是試後安排。考生要閱讀考試規則及考生手冊，要留意特別事項，包括病了怎麼辦，手機如何處理，應帶什麼計算機等等。

最後第七點，當然是對有關工作的檢視。考評局會透過問卷收集不同持分者的意見，包括：考生問卷、學校問卷、閱卷員問卷、科目委員問卷等。如果考評局邀請你填寫問卷，請踴躍表達你的意見，更要提一提閱卷員對考生表現的意見，因為試卷主席會收集這方面的意見，編成報告，並在試題專輯內刊登。同學宜留意下列三點：試題要求考生的作答水平、實際一般水平、如何將兩者距離拉近。

花這麼多時間描述預備考試工作的流程，目的是希望大家理解每個工序背後的意義。考試是否阻礙了學習？我認為透過考試可幫助求學者尋找治學之路，例如：「考試考綱」可幫助理解學習的範圍；「評分標準」可幫助理解學習成果的水平；「考試報告」可提供資訊讓同學知道學習時要特別留意的地方。

參觀動物園時，動物園也建議訪客利用地圖來計劃參觀路徑。讀書時能找合適的入門之路，可令學習事半功倍。旅行者走錯了路，結果是南轅北轍，同樣的道理，學習時選錯了方法，學習的成果便會大打折扣了。清代名臣張之洞說：「讀書宜有門徑，泛濫無歸，終身無得，得門而入，事半功倍。」（《輶軒語‧語學》）尋找讀書門徑，如下棋一樣，每一階段要仔細思考。多些理解考評工作，可幫助自己設計學習計劃，尋找適合自己的治學之路。

# 結語

考試是一個不可避免的學習經歷。考試完畢,當我們離開中學或大學,入了職場,是否代表一切考試已成過去?其實,學校考試可以是過去,但不少專業資格還是要通過考試獲取的。我們知道,醫生要考試,律師要考試,水喉匠要考試,教師也要考試。故此大家要明白,專業團體也要辦考試,這方面,香港考評局很多時和其他專業團體合作,例如:皇家音樂學院、中央音樂學院,另外也曾和建築師學會、會計師公會和其他政府部門舉辦考試。其實,各國的考試機構和國際專業組織都會關注各地的考試方式和方法,互相借鏡以求改善,也會作交流和切磋,有一些機構還會互相組織起來,成立專業的考試學術聯盟,定期出版學術雜誌,加強相互合作,所以專業團體也是重要的持分者。

個人而言,我認為考試無論在求學時期或工作期間都扮演重要的角色,要知道考試並非洪水猛獸,只要自己盡能力,學好有關技能,便可過關;只要付出努力,不要心存僥倖,胡混過關,便能應付要求。一個人事業上的成就和他的學識基礎,多少是成正比例的,唐代魏徵在《諫太宗十思疏》指出:「求木之長者,必固其根本;欲流之遠者,必浚其泉源。」沒有厚實的基礎,不會成功。預備考試的過程中,我們學會如何解決在學習上遇到的問題,上了「終生學習」重要的一課!

尋找讀書門徑，如下棋一樣，每一階段要仔細思考。多些理解考評工作，可幫助自己設計學習計劃，尋找適合自己的治學之路。

# 第七章
# 打好根基求創新

我們學習要勤奮、保持學習心境和態度，這種心境和態度包括做好自己份內的事，有平常心，不好高騖遠，並且有效地採用方法來加強學習效果。唐宋八大家之一韓愈自幼好學，有名句：「書山有路勤為徑，學海無涯苦作舟。」又說「業精於勤荒於嬉，行成於思毀於隨。」

　　有一些學習基本技巧我們務須掌握，希望大家學習時，不要只靠死記，還要融會貫通。學習要有重點，諸位先賢指出有重心和依據，對學習過程有莫大之幫助。蒐集資料以後，要尋找線索貫串，我們如果能夠把凌亂無序的、或是東鱗西爪的資料整理，並有系統地積累和消化，便能夠逐漸建立自己的知識體系了。首先，孔夫子認為學問要有主線，學無主旨，資料雜亂無統，就會像如鄭板橋所說一團理不清之亂麻。亦要學習如朱熹、陳獻章等學者多問的虛心及懷疑精神。孟子指出證是非、求真理的重要性。南朝學者劉勰教我們要注意觀察，積累豐富的感性知識，知識多，想像力自然豐富。宋代詩人陸游及清代學者戴震則強調分析資料的重要性。近代學者錢穆指出做學問不可看輕基本知識，基本知識是基礎，而新知是要運用思想去「推尋」。

# 為學要一以貫之
## 學問要有主線　不能漫無所主

孔子：

「賜也！汝以予為多學而識之者與？」對曰：「然，非與？」曰：「非也？予一以貫之。」《論語‧衞靈公》

　　孔子認為學習不能漫無所主，而是要按照學習宗旨把蒐羅了的材料貫通，孔子重視透過多見、多聞、多記來取得廣博的知識。學生以為他做學問的方法是「多學而識之」，但孔子卻申明他做學問的方法是「一以貫之」。治學而要求「一」，找到了這個「一」，貫通所學，豁然開朗，一通百通，故此我們務要善於用心思把所學的材料連貫起來。孔子之後的學者都建議學習時要建立中心，並且用了不同的比喻來說明。

　　明代黃宗羲說：「大凡學有宗旨，是其人之得力處，亦是學者入門處，天下之義理無窮，苟非定以一二字，如何約之使其在我？故講學而無宗旨，即有嘉言，是無頭緒之亂絲也。學者而不能得其人之宗旨，即讀書，亦猶張騫初至大夏，不能得月氏要領也。」（《明儒學案‧凡例》）清代章學誠說：「載籍浩博難窮而力所能有限，非有專精致力之處，則如錢之散積於地，不可繩以貫也。」（《文史通義‧與林秀才》）

清代鄭板橋說：「讀書必欲讀五車，胸中撐塞如亂麻。」（《贈潘桐岡》）近代學者朱光潛說：「一個人心裏可以同時有許多系統中心，如一部字典有許多『部首』，每得一條新知識，就會依物以類聚原則，匯歸到它的性質相近的系統裏去，就如拈新字貼進字典裏去，……大凡零星片段的知識，不但易忘，而且無用。每次所得的新知識必須與舊有的知識聯絡貫串，這就是說，必須圍繞一個中心歸聚到一個系統裏去，才會生根，才會開花結果。」（《朱光潛談讀書》）

如果要解難，需要找出重心所在，否則會無功而還。黃宗羲認為學有宗旨是做學問的出發點，學習的時候，如果沒有把宗旨目標弄清楚，學習效果未必理想，如無頭緒之亂絲；章學誠指出若學無專精，所學的便好像斷了穿繩的古錢散在地上；鄭板橋則指為學無主旨，資料雜亂無統，就會像一團理不清之亂麻；朱光潛就認為系統中心有如一部字典內的「部首」，將新知識與舊有的知識聯絡貫串。

我個人認為追求學問時，要抓着重點，找資料最忌沒有方向感；有重心、有方向，才會有頭緒，有頭緒才有注意力，才有延展的工夫。有時候，方向未清楚，會導致本末倒置，例如要電腦化，必須弄清楚這是為克服或解決哪些問題，不是為電腦化而電腦化；又或作研究，要有範圍，不能空泛行事，如果行事過於空泛，猶如大海航行沒有方向，結果只會是未能達到理想的效果，又或如進了迷宮一樣，找不到出口，徒勞無功。

# 學問源於好奇心
## 常謂學貴知疑　疑者覺悟之機

曾子：「以能問於不能，以多問於寡，有若無，實若虛，犯而不校。昔者吾友嘗從事於斯矣。」《論語·泰伯》

朱熹：「讀書始讀，未知有疑，其次則漸漸有疑。中則節節是疑。過了這一番後，疑漸漸解，以至融會貫通，都無所疑，方始是學。」《晦翁學案》

唐彪：「古人學問並稱，明均重也；不能問者，學必不進。為師者當置冊子與子弟，令之日記所疑，以便請問。」《父師善誘法》

陳獻章：「前輩謂學貴知疑，小疑則小進，大疑則大進。疑者覺悟之機也。一番覺悟，一番長進，更無別法也。」《白沙學案》

　　曾子誇讚顏淵多問是表示虛心讀書，並不是表示自己的無知，處於現在這種各項新知層出不窮的時代，不追問才真會陷於無知。朱熹把讀書看成一個從未知有疑，漸疑，是疑到解疑，最後無疑的過程。能存疑，能多問，才是提高讀書興趣最好的方法。後來之學者如唐彪及陳白沙皆指出疑和問的重要性。

　　有人會認為我們活在知識型的社會，做任何事情都要找「專家」協助辦理，修理家居也要找「師傅」去處理，但這

並不代表我們作為普通人便不能對不熟悉的事情提出疑問。我們提出疑問，並不是表示不信任專家，或故意挑剔，我們提出疑問，是要幫助自己對有關的事加深認識，提升自己的學養而已。還有，發問的時候，如果周圍的人亦有興趣加入討論的話，發問可更趨積極、討論可更趨熾熱。從前念書的時候，發問加討論的結果能激發新的靈感、新的研習角度和方向。

還在工作崗位的時候，每一次介紹自己工作時，都自覺是一個好好的學習機會，自己也能增廣見聞；而我最喜歡的環節是「答問時間」，因為自己把要說的說完後，聽眾便會發問，從反應便可知道他們對所主講的話題是否有興趣，亦可向個別的項目提出質疑，這兩點便足以令自己去思考和反省了。每次主講完畢，我會寫下自己的感受作為參考，之後如有機會講解類似的課題，亦可能會調整相關的內容。

哲學家波蘭尼（Polányi Mihály）曾說：「動物生命階梯中屬最低層的毛蟲類，甚至阿米巴變形蟲，在沒有任何外來誘因的情況下，都有一種警覺性去尋找外面的世界是怎樣的，以能在認知範疇內有自主的空間。」[註 7.1] 有好奇心便會發問，以前教學時，同學時常問：「為何要讀這個科目？」或「為何要讀這個項目？」面對這情況，我會盡量解答，因為這些都是重要的問題。面對學習難以應付之課題，我們不應逃避。英人牛頓（Issac Newton）見蘋果落地，於是懷疑為何蘋果不升上天空，而終於發現萬有引力；法人巴士德（Louis Pasteur）懷疑疾病源於微生物，乃致力尋找，終於發現了病原菌。劉知幾因有疑古疑聖之心，乃評論史籍，撰成《史通》一書。我們要保持年輕人的好奇心，切勿盲目信服權威。這是創新的第一步。

# 辟妄為創新之本
## 辟妄問難解疑　證是非求真理

公都子問：
「外人皆稱夫子好辯，敢問何也？」
孟子曰：
「予豈好辯哉！予不得已也。……昔者禹抑洪水，而天下平；周公兼夷狄、驅猛獸，而百姓寧；孔子成《春秋》而亂臣賊子懼。詩云：戎狄是膺；荊舒是懲；則莫我敢承。無父無君，是周公所膺也。我亦欲正人心，息邪說，距詖行，放淫辭，以承三聖者。豈好辯哉！予不得已也。」《孟子·滕文公下》

　　孟子有繼承大禹、周公、孔子三位聖人偉業之抱負，他曾說上面的說話，要「息邪說，距詖行，放淫辭」。學問之法在於證其是非，求其真理；駁斥不正確的言論，是創新之本，避免大家走上錯誤之路，並且同時提出新的見解。據說中世紀科學家伽利略（Galileo）在比薩斜塔做實驗，將大小球體從塔頂釋放，發覺大小球體同時間着地，於是推翻了古希臘哲學家亞里士多得（Aristotle）的理論，當時據說還有不少人不肯相信，認為亞里士多得不會有錯誤的理論。

　　創造力是打破傳統，提出新見解的能力；或是補前人之缺，解決前人和自己不曾解決過的問題；或在解決問題時，

擴前人之見，另闢新的途徑。提出新見解源於兩方面：其一是對問題有深刻理解，見識高人一籌；其二是不斷延伸已知的範圍，擴闊並深化思考的領域。解決前人和自己不曾解決過的問題亦源於兩方面：其一了解問題癥結；其二是綜合所學所知，針對上述癥結而找出方法。另闢新的途徑同樣源於兩方面：其一是知道原來所知之不足；其二是根據所學所知，創造靈感。

在某種意義上，創造力是調動或重新組合造知識單元的能力，把原來看似不相關的知識聯繫起來，從而獲得新研究領域或新發展的靈感。曾經聽過一個故事說，巨熊要保持狀態，不斷磨尖自己的牙齒，身旁的動物認為周遭沒有敵人，便覺得奇怪，問牠磨牙的原因。牠便解釋說：「如果危險情況出現，我便沒有時間磨尖牙齒了。」這故事亦令我想起東晉「陶侃運磚」的故事，道理不也是一樣嗎？西諺有這句說話：「機會是留給有準備的人。」（Chance favors the prepared mind.）追求靈感，宋代學者蘇軾深入思考，可達至忘乎所以之地步，他有詩句：「作詩火急追亡逋，清景一失後難摹。」（《臘日游孤山訪惠勤惠思二僧》）！

# 開展豐富想像力
## 積累豐富知識　多想像能創新

劉勰：

「古人云：『形在江海之上，心存魏闕之下。』神思之謂也。文之思也，其神遠矣。故寂然凝慮，思接千載；悄焉動容，視通萬里；吟詠之間，吐納珠玉之聲；眉睫之前，卷舒風雲之色；其思理之致乎。故思理為妙，神與物游。」

「夫神思方運，萬塗競萌，規矩虛位，刻鏤無形，登山則情滿於山，觀海則意溢於海，我才之多少，將與風雲而並驅矣。」《文心雕龍・神思》

　　創造性思維需要豐富的想像，我們要注意觀察，積累豐富的感性知識，知識多，想像力自然豐富；知識太少，可能令自己從片面的資料得了錯誤的結論。劉勰對想像作了詳盡的描寫，文藝創作需要無窮的想像力，試看唐代白居易在《琵琶行》如何形容彈撥琵琶：

　　　　「大弦嘈嘈如急雨，小弦切切如私語，
　　　　　嘈嘈切切錯雜彈，大珠小珠落玉盤。」

　　又看宋代辛棄疾的《青玉案・元夕》：

　　　　「東風夜放花千樹，更吹落、星如雨。寶馬雕車香
　　　　　滿路，鳳簫聲動，玉壺光轉，一夜魚龍舞。

蛾兒雪柳黃金縷，笑語盈盈暗香去。眾裏尋他千百度，驀然回首，那人卻在，燈火闌珊處。」

　　文藝創作者如白居易和辛棄疾，都需要非凡想像，而科學創作也需要想像。想像亦涉及對已知作延伸，以下有一例子：在研究蛻變的時候，有電子從放射原子射出，但是這違背了動量守恆的定理，那時候科學家便想像了一個沒有質量且沒有負荷的粒子（neutrino）從原子射出，來解決動量守恆之要求，後來有證據證明了這粒子的存在，但在當時這只是一種想像。

　　創造性思維除了需要運用分析、綜合的手段，而且需要豐富的想像力。創造性的想像力思維不受時空的限制，而且不受傳統觀念束縛。應試時有些試題也要求我們利用已學的作延伸，例如：因式分解 $a^4 + 4$，如果老師要求同學做這道題目，有人可能會回應說：不可能，因為同學在學習有關內容時，所學的公式是 $a^2 - b^2 = (a + b)(a - b)$，那麼如何處理呢？可以多用點想像力：

$$a^4 + 4 = a^4 + 4a^2 + 4 - 4a^2 = (a^2 + 2)^2 - (2a)^2$$
$$= (a^2 + 2a + 2)(a^2 - 2a + 2)$$

　　求學時要增加知識，可以深化我們的想像力，亦能培養我們的創造力。馬敘倫《論書偶句》說得好：

　　「抱殘守缺自家封，至死無非作附庸。

　　　家家取得精華後，直上蓬萊第一峰。」

# 遇到難題找辦法
## 為有源頭活水　中流自在行舟

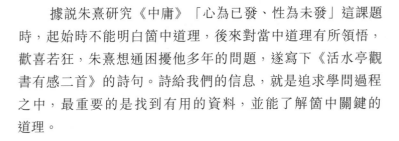

朱熹：
「半畝方塘一鑑開，天光雲影共徘徊。問渠那得清如許，為有源頭活水來。」
「昨夜江邊春水生，艨艟巨艦一毛輕。向來枉費推移力，此日中流自在行。」《活水亭觀書有感二首》

　　據說朱熹研究《中庸》「心為已發、性為未發」這課題時，起始時不能明白箇中道理，後來對當中道理有所領悟，歡喜若狂，朱熹想通困擾他多年的問題，遂寫下《活水亭觀書有感二首》的詩句。詩給我們的信息，就是追求學問過程之中，最重要的是找到有用的資料，並能了解箇中關鍵的道理。

　　同樣，有困難時我們要找出一個適合自己的方法或原則去解決問題。我讀小學時，數學成績欠佳，因為課本強調採用公式解決題目，到了中學，學了代數（algebra），解題時便可以用 x 或 y 或 z 代表未知之數，然後逐步列出等式，再解 x 或 y 或 z 的數值，於是做數學練習時，便沒有用什麼公式，這便提升了學習的興趣，成績亦突飛猛進！

　　起初辦物理科實驗考試時，我曾經遇到三個問題：首

先是儀器的限制，其次是儀器的保密，最後是如何處理投訴。第一點是儀器的問題，如果採用相同的題目，同一時間便不可能提供那麼多的器材給同學做實驗，於是想到了一個辦法，就是分組做實驗，把同學分成三組，輪流做實驗，於是所需儀器的數量便減少了。這個安排還有其他好處，首先可以在不同的課程範圍擬題，以便加大試題的覆蓋面；其次因為時間短了，考試只須集中在儀器操作技巧及收集數據方面，而數據處理的部分則可以在紙筆考試評核。

第二是儀器的保密，因為要借用學校的實驗室作考場，我們的做法是要求學校在考試前數天把有關的儀器預備妥當，那麼那些學校便會預先知道所用的器材；為防止不必要的誤會，我們便將出現在考卷中的儀器預先向全部考生公布。既然器材名單已公開，便毋須擔心儀器保密的問題。

第三便是考生投訴儀器失靈的問題。如有同學在當場投訴，或可在現場解決問題，可能更換了一些部件，便可處理了。如果在試後才投訴，也可翻檢紀錄，由於考試是評核運作技巧及收集數據，所以每個步驟都可以由監考員評核並記錄下來。於是我可以從兩方面查察同學的表現。首先可看看同學在操作及數據這兩個部分所拿到的分數有沒有不一致的情況，另外也可以考查同學分別在三個實驗的表現。當然在行政的角度，我們要成立「投訴組」負責處理，包括考慮試場監考老師的報告，以及上述分數的分析作有關建議。

遇到困難時，要從多方面思考，積極尋找解決問題的方法，不要迴避問題。

# 學習材料要分析
## 內容歷歷分明　有助深入學習

陸放翁：

「自上世遺文，先秦古書，晝讀夜思，開山破荒，以求聖賢致意處，雖才識淺暗，不能如古人迎見逆決，然譬農夫之辨菽麥，蓋亦專且久矣。原委如是，派別如是，機杼如是，邊幅如是，自《六經》《左氏》《離騷》以來，歷歷分明，皆可指數，不附不絕，不誣不紊，正有出於奇，舊或以為新，橫騖別驅，層出間見……」
《上執政書》

戴震：

「心能辨夫理義。……理義在事情之條分縷析，接於我之心知，能辨之而悅之；其悅者，必其至是者也。」
《孟子字義疏證》

　　晝讀夜思是把內容仔細分析。陸游讀書不囫圇吞棗，而是晝讀夜思至「歷歷分明」、至「皆可指數」；清代學者戴震強調我們學習要分析事物或事情各部分之內在關係，方能對事物或事情有更深入的了解。

　　學習時要培養分析和綜合的能力才能作較深入的學習。分析是指把研究的不同對象和它們的個別部分、個別特徵區別出來，並加以比較和鑒別，從而解開問題的奧秘。新冠肺炎疫情蔓延時，我們不斷談不同的防疫措施、探究成因、研究對策、估計成效，這些都倚賴仔細對學問之分析。學習時

對任何所學習的資料不能不作分析，例如：

- 研究一些複雜課題時，可以比較不同角度的資料對同一問題的不同看法；
- 遇到一些較詳盡而複雜的資料，未必有興趣看，此時可找類似資料去比較，或會找到些「線索」；
- 閱讀一些深奧的文章或書籍，可作逐章「解剖」，找出每章之重要主旨及各章內容的相互關係。

修讀經典著作，除了關注內容，可以採用這個「解剖」方法，並適時作提問，以下是一些例子：

- 作者的鋪排是否妥當？
- 各個部分有沒有連繫？
- 作者是否「前後呼應」？
- 有沒有犯了「前後矛盾」的毛病？

對一些議題作利與弊的考慮，也需要良好的分析能力。想起從前在工作崗位時，各部門會提出工作建議，我不時要考慮其中的利與弊，並仔細分析，然後作結論。分析能力是重要的，求學時要增加知識，培養良好的分析能力。

另外，「SWOT」這四個字母代表着不同的考慮及思考重點：

- Strength：有沒有強項？
- Weakness：有沒有弱點？
- Opportunity：有沒有發展機會？
- Threat：有沒有不利的因素？

SWOT 的分析通常是在研究公司業務及撰寫業務計劃時慣用的技巧，其實在學習過程中，我們也可制定自我學習計劃，運用這個分析方法檢討自我學習過程是否有效。

# 自建的知識系統
## 善用思想材料　靈活推尋學問

劉勰：

「人之稟才，遲速異分，文之制體，大小殊功：相如含筆而腐毫，揚雄輟翰而驚夢，桓譚疾感於苦思，王充氣竭於思慮，張衡研京以十年，左思練都以一紀，雖有巨文，亦思之緩也。淮南崇朝有賦騷，枚皋應詔而成賦，子建援牘如口誦，仲宣舉筆似宿構，阮瑀據鞍而制書，禰衡當食而草奏，雖有短篇，亦思之速也。若夫駿發之士，心總要術，敏在慮前，應機立斷；覃思之人，情饒歧路，鑒在疑後，研慮方定。機敏故造次而成功，慮疑故愈久而致績。難易雖殊，並資博練。」《文心雕龍·神思》

錢穆：

「做學問固是該能善用思想，但也該有材料、有根據、有證驗、有貫串。此應靈活推尋，由此及彼，發現問題，自可求得答案，增益所知。」《推尋與會通》

　　劉勰指出：「難易雖殊，並資博練。」靈感產生在深厚積累知識基礎之上。創新源於積累，沒有基本學科知識的積累，技巧也無從發揮，創新只是空話。

　　學習任何東西，首先是要令自己熟悉內容，連最基本

的東西也未弄清楚,如何去處理當下要解決之事情?在職場上,各行各業富經驗的人遇到問題時,腦海中已掌握需要採用的方法和步驟,知道如何去處理,不會「不知所措」,也不用「再度思考」才去解決難題。當然每一個問題都可能有獨特情況,但富經驗的人會懂得如何作適當的調節。我還在工作崗位時,當遇到新問題,都會向同事了解從前在某機構服務時,會採用這些或那些方法處理,故此反映過去的經驗也可以在適當之時發揮作用。但是如果面對較複雜的難題,可能要考慮新方法,主要看看如何把自己所知的和新情況連繫起來。如果需要別人協助時,我們要有溝通技巧,要能把問題的重點說明,切勿「轉彎抹角」,還要盡量和其他人互相磨合。

創意能力視乎我們掌握多少知識,愛因斯坦(Albert Einstein)如果沒有基礎物理知識,尤其是麥斯威爾等式(Maxwell's Equations),那便沒可能發現相對論。有人曾說:「要走出框架思考,也要知曉框架內有什麼東西。」(If you want to think out of the box, you need to know what is inside.)竅門是要對框架內之東西作新的探究。

近代學者錢穆指出做學問不可看輕基本知識,新知是運用思想去「推尋」,但不可單憑空推想便可得新知。而新知可以從別人教導中得悉,可以從書本學到,可以從工作體驗積累而來。我做考評工作超過三十年,時常遇到複雜的問題,每次都感到自己的不足。我常常提醒同事,要思考自己對考評有多少認識,故此在內部會議,我會不時向大家提問:考

評知多少？事實上在悠長歲月裏，我每天都在學習，學習不是單從書籍，而是從處理日常事務，從參考檔案文件，和外國考評機構的溝通，和他人工作相處時，包括：

- 在各事務委員會；
- 和同事開會；
- 向外界介紹工作程序；
- 處理投訴。

我是這樣建立自己的考評知識系統，而在不知不覺中加深了考評的認識。我時常認為要有效地執行工作，必須對那份工作之目的、手段、細節均有認識。如果對自己的工作崗位毫無認識，或不熟悉程序，如何能夠把工作做好？

所以我時常提醒自己：我對崗位的工作有多少認識？

辦事過程中，不時需要其他人的支援，而且要互相配合，所以我時常提醒自己：我對自己所屬部門的工作有多少認識？

但是這並不足夠，人不能固步自封，各部門工作也需要協調，如果每個部門都對別的部門工作漠不關心，合作必然會困難重重，故我會問自己：我對自己所屬的機構工作有多少認識？

我們也不時會向外界推廣服務，冀求建立自己的專業品牌和形象，跟外界溝通自己必須對機構有充分的認識和

了解，故我也提醒自己：我對其他類似機構的工作有多少認識？

這樣在不知不覺中，我便對考評的知識有所增長，並且在多年前編寫了 *The Management of Public Examinations: 101 Questions and Answers* 一書[註 7.2]。大家在學習時學會如何發問，學問自會有進步，故我常常鼓勵同事對下列項目作思考：

- 我對自己崗位的工作有多少認識？
- 我對自己所屬部門的工作有多少認識？
- 我對自己所屬的機構工作有多少認識？
- 我對其他類似機構的工作有多少認識？

只要依循這些線索去找資料，自會有所發現。

# 結語

　　我們吸收知識時，會把凌亂無序的或東鱗西爪的知識加以整理，分門別類地儲存，隨着知識的增長再重新組織和轉換改造，就像蠶食桑吐絲，蜂採花釀蜜一樣，經消化後逐漸建立屬於自己獨有的知識體系。提出問題，經過思考，得出新的見解，或有新的發現，逐漸建立自己獨有的知識體系，便是創造。在學習過程中，我們對有關課題不斷會有新的認識和體會，而且會懂得發掘新題材，提出新問題，發揮我們的創意。故此我很欣賞愛因斯坦和恩法德說過的話：

> 「要創造一套新的理論或概念，並非如拆除舊有穀棚而另起摩天大廈一樣，而是好像攀登山峰，不斷發掘新思維及更廣闊的視野，不斷探索原來的學術概念和周邊學術領域相連繫的地方。這樣，依然可領悟到原來的學術範疇，但經過艱巨的學習後，也便克服了障礙，原來的學術領域得到擴闊而相對變小了。」[註 7.3]

朱熹：「半畝方塘一鑑開，天光雲影共徘徊。問渠那得清如許，為有源頭活水來。」

# 後記

## 學習非全為功名
### 讀書除求科第　亦為精神食糧

陳澧：

「心要常虛明而不可熱，熱則昏矣，非特名利之心不可熱，著述之心亦不可熱，常湛然朗然，超乎萬物之上，而後可以讀書，可以著書。」《東塾遺稿》

梁啟超：

「你懷疑、沉悶，便是你因不知才會惑；你悲哀、痛苦，便是你因不仁才會憂；你覺得你不能抵抗外界的壓迫，便是你因不勇才會懼。這都是你的知、情、意未經修養、磨練，所以還未成個人。」《為學與做人》

　　看了這麼多的名家治學箴言，大家不妨認真的想想，我們為什麼要讀書？可能是為拿到好的考試成績？為日後生計？為找份理想的職業？又或如顏之推說「積財千萬，不如薄技在身。」（《顏氏家訓・勉學》）這些都是合理的追求，

但也切勿忘記讀書可以幫助我們尋找新知識，可以發展新興趣，教我們如何生活，如何去找生活的意義。多讀書能擴闊我們的視野，使我們像長頸鹿一樣，望得更高更遠。

清代學者陳澧指出名利之心不可過熱；近代學者梁啟超則強調「知、情、意」三方面的發展。故此我認為學校平日上課時，不應在起始時便不斷提起考試，彷彿沒有考試，同學便會無心向學。學習階段之初，我們可以用不同的活動，增加同學學習的興趣。當然無論你是在學習過程中，或是在預備考試，也要明白我們學習的目的是什麼。據說現在同學準備香港中學文憑考試，不少中學在中四上學期已經開始「操卷」，這種做法的弊端有機會令同學受困於應試框架，例如部分同學在寫作時，文章結構囿於套路，這樣反窒礙了思考。反過來說，在開始時如能令同學多點熟悉和了解課程內容和研習方法，可提升他們的學習興趣。學習亦應按部就班，不能「一蹴而就」，亦不能有過於功利之心態，正如運動員要在比賽取得佳績，不能只靠整天比賽，而是要從提高技術和鍛煉體能入手。無論本職是什麼，最後仍要思考做人的問題，認識本職的知識以外，總得騰出時間處理其他的事情，藉以陶冶性情和充實自己的生活。

讀書可以幫助我們尋找新知識，可以發展新興趣，教我們如何生活，如何去找生活的意義。多讀書能擴闊我們的視野，使我們像長頸鹿一樣，望得更高更遠。

# 學者簡介（以下依出生年份排序）

**孔子（公元前 552 年—前 479 年）**：名丘，字仲尼，山東曲阜人，春秋末期教育家，儒家學說始創者。孔子好學勤奮，曾說：「我非生而知之者，好古，敏以求之者也。」（《論語·述而》）孔子曾在魯國擔任官職，後周遊列國，遊說各國諸侯，最後從事講學，有弟子三千，眾弟子仿孔子門人作《論語》。

**曾子（公元前 505 年—前 432 年）**：名參，字子輿，山東平邑縣人，春秋末期思想家。少時拜孔子為師，孔子孫子子思師從曾子，後傳授孟子。曾子提出「吾日三省吾身」的修養方法，將孔子的「吾道一以貫之」歸納為「忠恕」，著有《大學》、《孝經》等儒家經典。

**孟子（公元前 372 年—前 289 年）**：名軻，其生平大略見於史記：「孟軻，鄒人也，受業子思之門人。道既通，游事齊宣王。宣王不能用⋯⋯當是之時，⋯⋯天下方務於合從連衡，以攻伐為賢。而孟軻乃述唐虞三代之德，是以所如者不合。退而與萬章之徒，序詩書，述仲尼之意。作《孟子》七篇。」

**荀子（公元前約 316 年—前 235 年）**：名況，時人尊稱荀卿，戰國末期趙國人，儒學大師。先後到齊、秦、趙、楚游說諸侯，宣講儒學，曾在齊國稷下學宮講學，後任楚國蘭陵令，晚年在蘭陵著書以終，有韓非、李斯等弟子。後世編《荀子》一書共 32 篇。

**李斯（公元前約 284 年—前 208 年）**：河南上蔡人，秦朝政治家。與韓非子從荀子學習帝王之術，後成為法家學說代表人物，助秦王政統一天下。曾因勸止秦王政驅逐客卿，上了著名的《諫逐客書》。李斯其後謀害韓非，更與權臣趙高陷害秦王長子扶蘇，最終亦為趙高所害。

**陶潛（公元 365 年—427 年）**：字淵明，又字元亮，江西九江市人，晉末詩人。初時有志當官，惟任彭澤縣令時，不願「為五斗米折腰向鄉里小兒」，遂辭官歸園田居，有作品《五柳先生傳》以明己志，後人亦稱五柳先生。

**劉勰（公元約 465 年 — 約 538 年）**：字彥和，原籍山東日照市人，南梁時大臣。少年家貧，隨名僧學習儒家與佛家理論，著《文心雕龍》，引論古今文體及其作法，與劉知幾《史通》、章學誠《文史通義》，並稱文史批評三大名著。

**顏之推（公元 531 年 — 591 年）**：字介，山東臨沂人，自小接受家庭教育，南梁至隋朝皆為官。主張早教，認為人在小時候學習最佳，因精神專一，最宜學習。顏之推結合自己的家庭教育和切身經歷，編寫了《顏氏家訓》，被譽為最早期有系統的家庭教育著作。

**魏徵（公元 580 年 — 643 年）**：字玄成，河南安陽人，唐代政治家，以直諫著稱，《諫太宗十思疏》乃著名的諫文表。魏徵病逝，太宗曾說：「夫以銅為鏡，可以正衣冠，以古為鏡，可以見興替，以人為鏡，可以明得失。朕常保此三鏡，以防己過，今魏徵俎逝，遂亡一鏡矣！」

**王勃（公元 650 年 — 676 年）**：字子安，山西河津人，初唐詩人。往海南探父，遇溺受驚而死。少時即露才華，與楊炯、盧照鄰、駱賓王以文詞齊名，並稱「初唐四傑」。其詩偏重描寫個人生活，亦有抒發政治感慨、隱寓對豪門世族不滿之作。

**杜甫（公元 712 年 — 770 年）**：字子美，湖北襄樊市人，生於河南鞏縣，青少年時期度過「讀書破萬卷」生活，並南游吳越，北游齊趙，結識李白、高適等人，後入蜀居成都草堂。杜甫一生坎坷，寫詩反映當時社會生活，思想深厚，境界開闊，為偉大現實主義詩人。

**張籍（公元約 767 年 — 約 830 年）**：字文昌，安徽和縣人，唐代詩人。任官期間認識白居易，互相切磋，對各自創作產生積極影響。張籍樂府詩成就高，善於概括事物對立面，是中唐時期新樂府的推動者，詩作平易自然，常以口語入詩，反映社會現實。

**韓愈（公元 768 年 — 824 年）**：字退之，河南孟州人，唐代文學家。因諫阻憲宗迎佛骨而被貶為潮州刺史。韓愈主張師承秦漢散文傳統，倡導「古文運動」，提出「文以載道」、「文道合一」的觀點，蘇軾稱讚韓愈「文起八代之衰，道濟天下之溺」。

**白居易（公元 772 年 — 846 年）**：字樂天，晚居香山，自號香山居士，唐代詩人。因得罪權貴貶江州司馬，仕途挫折令白居易不再過問政治，成為現實主義詩人。詩歌語言淺易近人，代表作《琵琶行》、《長恨歌》流傳極廣。

**柳宗元（公元 773 年 — 819 年）**：字子厚，山西永濟縣人，唐代文學家。因被貶為永州司馬，遂寄情山水，以詩文自娛。文學上和韓愈提倡「古文運動」，蘇軾評其詩「外枯而中膏，似淡而實美」。

**杜牧（公元 803 年 — 852 年）**：字牧之，陝西西安人，唐朝詩人。杜牧具經邦濟世之抱負及憂國憂民情懷，詩文多反映這方面之內容，亦議論政治得失，《阿房宮賦》為傳世名作。

**李山甫（生卒籍貫不詳）**：唐朝詩人，為人豪俠爽直，恃才傲物，以文才名於當時，後不知所終。李山甫由於仕途失意，頗怨恨朝中貴達，多感時懷古之作。

**寒山（生卒年不詳）**：字、號均不詳，陝西西安人，唐代名詩僧，出身官宦人家，多次投考不第後出家，隱居天台山寒巖，自號寒山，詩作表現山林逸趣及出世思想，譏諷時態。

**蘇舜欽（公元 1008 年 — 1049 年）**：字子美，祖籍四川中江人，自曾祖時移居開封，北宋詩人。仁宗年間中進士，監進奏院期間被誣奏監守自盜，因而被削籍為民到蘇州，隱居不仕，創作以進奏院事件為界，前期創作具政論性，後期作品多寄情山水。

**張載（公元 1020 年 — 1077 年）**：字子厚，陝西橫渠鎮人，世稱橫渠先生，北宋哲學家。年少時博覽群書，受范仲淹勉勵，終形成自己獨到的儒家思想，提出橫渠四句，認為讀書人要「為天地立心，為生民立命，為往聖繼絕學，為萬世開太平。」

**王安石（公元 1021 年 — 1086 年）**：字介甫，號半山，江西撫州人，北宋文學家、政治家。曾上萬言書提出變法主張，後司馬光執政，盡廢新法，因而憂憤病死。執政期間，曾與其他學者注釋《詩經》、《尚書》、《周禮》，為「唐宋八大家」之一。

**程顥（公元 1032 年 — 1085 年）**：字伯淳，號明道，世稱明道先生，河南伊川人，北宋理學家。早年與弟程頤共師周敦頤，程顥潛心教育研究，形成一套教育體系，與其弟程頤皆理學大師，世稱「二程」，「二程」為洛城伊川人，故其學說稱之為「洛學」。

**蘇軾（公元 1037 年 — 1101 年）**：字子瞻，四川眉山人，宋朝文學家，為「唐宋八大家」之一。曾築室於東坡，故號東坡居士。因作詩諷新法下御史獄，貶黃州。哲宗朝官至禮部尚書，後又貶謫惠州、儋州。其文豪放縱橫，詩詞飄逸，題材廣闊，清新豪健，善用誇張比喻。

**蘇轍（公元 1039 年 — 1112 年）**：字子由，四川眉山人，宋朝文學家，為「唐宋八大家」之一，曾任尚書右丞等職。蘇轍與父親蘇洵、兄長蘇軾齊名，合稱「三蘇」，其學問受其父兄影響，以散文著稱。

**黃庭堅（公元 1045 年 — 1105 年）**：字魯直，自號山谷道人，江西修水人，宋朝文學家，與蘇軾齊名，並稱「蘇黃」。詩以杜甫為宗，有「奪胎換骨」、「點鐵成金」之論，有名句：「士大夫三日不讀書，則義理不交於胸中；對鏡覺面目可憎；向人亦語言無味。」

**李清照（公元 1084 年 — 1155 年）**：自號易安居士，北宋齊州章丘（今山東濟南）人，李格非女，趙明誠妻。幼有才華，早年生活優裕，與夫搜集書畫金石，金兵入侵中原，流寓南方，夫明誠病卒，境遇艱苦。其詞清麗婉約，因自號易安居士，與辛幼安並稱「濟南二安」。

**陸游（公元 1125 年 — 1210 年）**：字務觀，號放翁，南宋越州山陰（今浙江紹興）人，曾參加禮部考，被秦檜黜落，孝宗即位，賜進士出身，任鎮江、隆興通判。乾道六年入蜀，官至寶章閣待制，陸游特別珍惜蜀中十年生活，有《劍南集》以志紀念。晚年退居家鄉，詩今存九千餘首。

**楊萬里（公元 1127 年 — 1206 年）**：字延秀，號誠齋，江西吉水人，宋朝詩人。歷事高宗、孝宗、光宗三朝，主張抗金，性格剛直，不畏權貴，遇事敢言。作詩內容從日常生活攝取題材，在語言上提倡清新活潑，通俗自然，初學江西派，後學王安石及晚唐詩，終自成一家。

**朱熹（公元 1130 年 — 1200 年）**：字元晦，號晦庵，江西婺源人，南宋理學家。歷事高宗、孝宗、光宗、寧宗四朝，在江西廬山創立白鹿洞書院。朱熹集北宋理學之大成，發展了程顥、程頤理氣關係的學說，建立了完整的客觀唯心主義理學體系，世稱「程朱哲學」。

**陸九淵（公元 1139 年 — 1193 年）**：字子靜，江西金溪人，南宋理學家。曾任荊門知軍，治績顯著，曾講學於象山，學者稱象山先生，是心學始創人，主張「吾心即是宇宙」，提出「心即理」學說，明代王陽明讚賞陸九淵學說，令陸九淵的心學得以發揚，學界稱之為「陸王學派」。

**辛棄疾（公元 1140 年 — 1207 年）**：字幼安，別號稼軒，山東濟南人，南宋將軍、文學家。生於金國，少年抗金歸宋，但因歸正人身分，未能得朝廷信任，不得盡用其才，於是把恢復中原的信念寄遇於詞作之中，詞藝風格多樣，以豪放為主，現存詞六百多首。

**吳與弼（公元 1391 年 — 1469 年）**：字子博，號康齋，廣西崇仁縣人，明代理學家。一生不應科舉，回鄉講學，屢薦不出，以講授理學，傳播程朱理學為己任，並創立崇仁學派。黃宗羲在《明儒學案》列崇仁之學為第一學案。

**陳獻章（公元 1428 年 — 1500 年）**：字公甫，廣東新會白沙里人，因其地名，故號白沙。最愛石，又號石齋。明代思想家、教育家，曾會試中乙榜，入國子監讀書，後受學於吳與弼，後復游太學，名重京師，不少學生成為朝廷棟樑柱石，成「嶺南學派」。

**王守仁（公元 1472 年 — 1529 年）**：字伯安，號陽明，浙江寧波餘姚人，明代思想家、軍事家，晚年官至南京兵部尚書。從政之餘，潛心哲學研究，發展宋陸九淵學說，反對二程及朱熹之哲學觀點，心學之習大成者，提倡「心即理」學說。

**黃宗羲（公元 1610 年 — 1695 年）**：字太沖，號南雷，別號梨洲山人，學者稱梨洲先生，浙江餘姚人。明末清初經學家、史學家、思想家，與顧炎武、王夫之並稱「明末三大思想家」。清兵南下，曾募義兵抗清，明亡，隱居著述。

**陸世儀（公元 1611 年 — 1672 年）**：字道威，號桴亭，江蘇太倉人，明末清初學者，明亡不仕，以授徒自給。學宗程朱理學，理學以經世為主，批判晚明理學空疏學風，反對王陽明致良知學說。陸世儀重視教育，要求「切於用世」，與清初陸隴其並稱「二陸」。

**屈大均（公元 1630 年 — 1696 年）**：字介子，號翁山、萊圃，廣東番禺縣人，明末清初學者、詩人。屈大均早年受業於陳邦彥門下，並參與反清運動，鄭克爽降清，屈大均大失所望，由南京歸番禺，終不復出，移志於收集及研究廣東文獻、掌故。

**張英（公元 1637 年 — 1708 年）**：字敦復，號樂圃，清安徽桐城人，康熙年間進士，官至文華殿大學士兼禮部尚書。聖祖嘗語執政：「張英始終敬慎，有古大臣風。」書房自書對聯：「讀不盡架上古書，卻要時時努力；做不盡世間好事，必須刻刻存心。」

**唐彪（公元 1640 年 — 1713 年）**：字翼修，浙江蘭溪人，清代學者。唐彪自幼博覽群書，曾求學於黃宗羲、毛奇齡之門，長期從事教學工作，益力於學，時譽為「金華名宿」。

**李光地（公元 1642 年 — 1718 年）**：字晉卿，號厚庵，又號榕村，福建泉州安溪湖頭人，清代學者。康熙年間進士，《四庫全書總目提要》評曰：「光地之學，源於朱子，而能心知其義，得所變通，故不拘於門戶之見。」

**顧嗣協（公元 1663 年 — 1711 年）**：字遷客，號依園，又號楞伽山人，江蘇長洲人，清代詩人。康熙年間由歲貢生授任為新會知縣，任職期間，革除陋習，樹立良好社會風氣，有「問政於民，問計於民，問需於民」之風。

**鄭燮（公元 1693 年 — 1766 年）**：字克柔，號板橋，江蘇興化人，清代名畫家、文學家、書法家。父親為私塾教師，鄭燮自幼隨父讀書，愛讀歷史書和詩文詞集。康熙年間秀才、雍正年間舉人、乾隆年間進士，為官清廉，愛民如子，在繪畫上畫竹成就最為突出。

**陳宏謀（公元 1696 年 — 1771 年）**：字汝諮，號榕門，廣西桂林人，曾任兩廣、兩湖總督，兵部、吏部尚書。除政事外，亦為哲學家，將歷代風俗政事文獻整理成五部精簡扼要的參考教本，名《五種遺規》，其中提出婦女教養之道：「天下無不可教之人，亦無可以不教之人，而豈獨遺於女子也？」

**袁枚（公元 1716 年 — 1797 年）**：字子才，號簡齋，時稱隨園先生，浙江杭州人，清代詩人。曾任江寧等地知縣，後休官養親，於金陵小倉山築「隨園」恬淡自居，蒐集書籍，創作詩文。袁枚追求自由，反對統一思想，曾說「物之不齊，物之情也，天亦不能做主，而況於人乎？」

**戴震（公元 1724 年 — 1777 年）**：字慎修，號東原，安徽黃山市人，清代語言學家、哲學家。對經學、歷史、地理皆有研究，後由紀昀推薦為《四庫全書》纂修官，晚年在《孟子字義疏證》一書批評程朱理學，開創儒家思想從「尊德性」向「道問學」的角度。

**章學誠（公元 1738 年 — 1801 年）**：字實齋，號少巖，浙江紹興人，清代史學家、思想家。好讀史書，中進士後，不顧家貧放棄仕宦途，專心從事研究學問，一生精力用於講學，著述和編修方志，所著《文史通義》，與劉勰《文心雕龍》、劉知幾《史通》，並稱「文史批評三大名著」。

**蔣湘南（公元 1795 年 — 1854 年）**：字子瀟，河南固始縣人，清代詩人。自小喪父，母親對其進行啟蒙教育，平生知識淵博，蔣湘南無意仕進，專心講學，並研究經學，最後完成《陝西通志》稿。

**陳澧（公元 1810 年 — 1882 年）**：字蘭甫，號東塾，世稱東塾先生，廣東番禺人。在廣州學海堂為專課生，後受聘為學海堂學長，培育之人材，成「東塾學派」。學術史上主漢宋兼採，力主新式學風。陳澧對天文、地理、古文，無不研習，著述達 120 餘種。

**曾國藩（公元 1811 年 — 1872 年）**：字伯涵，號滌生，湖南湘鄉人。清道光年間進士，曾任吏部侍郎，成立湘軍平太平天國之亂，後任兩江總督、欽差大臣，曾國藩與李鴻章、左宗棠及張之洞並稱「晚清四大名臣」。曾國藩支持恭親王奕訢主持的洋務運動，亦是儒家理學思想代表人物。

**張之洞（公元 1837 年 — 1909 年）**：字孝達，晚年自號抱冰，河北南皮人，曾任兩廣總督，軍機大臣等要職，為晚清重臣，張之洞與曾國藩、李鴻章及左宗棠並稱「晚清四大名臣」。大力倡導「中學為體，西學為用」，對清末教育有重要影響。

**唐文治（公元 1865 年 — 1954 年）**：字穎侯，號蔚芝，晚號茹經，江蘇太倉人，後定居無錫，晚清教育家。官至清農工商部左侍郎兼署理尚書，後退出政壇，從事教育工作，創辦無錫國專（蘇州大學前身）。

**蔡元培（公元 1868 年 — 1940 年）**：字仲申，又字鶴卿，浙江紹興人，近代教育家、政治家。曾留學法國、德國，研究哲學、美學，辛亥革命後回國，任教育部長，後任北京大學校長，革新北大，開學術與自由之風。後任中央研究院院長，創立現代教育制度，開科學性研究風氣。

**梁啟超（公元 1873 年 — 1929 年）**：字卓如，號任公，又號飲冰室主人，廣東新會人，清末民初政治家及思想家。早年與老師康有為主張變法維新，戊戌政變後逃亡日本，辛亥革命後一度加入袁世凱政府，後不滿袁稱帝，參與倒袁之役。晚年在清華大學講學，倡導新文化運動。

**馬敘倫（公元 1884 年 — 1970 年）**：字彝初，號石翁、寒香，晚年又號石屋老人，浙江仁和人，語言文字學家、政治人物。在文字學、文學、語言學方面有研究，曾任北京大學教授。

**夏丏尊（公元 1886 年 — 1946 年）**：本名夏鑄，字勉旃，後改丏尊，號悶庵，浙江上虞松廈人，教育家，曾留學日本，後在浙江省第一師範學校任教，並興辦春暉中學。為探究教育理念，曾翻譯意大利作家亞米契斯名著《愛的教育》。

**王雲五（公元 1888 年 — 1979 年）**：原名王雲端，號岫廬，廣東中山人。曾主持商務印書館，對出版事業有重大貢獻，後任國民黨行政院副院長，其後繼續主持台灣商務印書館工作，並發明「四角號碼檢字法」。

**胡適（公元 1891 年 — 1962 年）**：字適之，安徽績溪人，著名哲學家，十九歲考取庚子賠款官費生留學美國，師從約翰杜威（John Dewey），回國任北大教授、北大校長。他是新文化運動領袖之一，積極提倡白話文，提倡實驗主義，並提出「大膽的假設，小心的求證」治學方法。

**顧頡剛（公元 1893 年 — 1980 年）**：江蘇蘇州人，歷史學家，「古史辨」派創始人。畢業於北京大學文科中國哲學門，歷任中山大學、北京大學、復旦大學教授，著述豐富，曾主持《資治通鑑》及《二十四史》標點工作。

**錢穆**（公元 1895 年 — 1990 年）：字賓四，江蘇無錫人，歷史學家、思想家，曾任燕京大學教授，北京大學法學院院長。在香港創辦新亞書院，亦是新亞研究所及新亞中學的共同創辦人，後往台灣任中央研究院院士，與呂思勉、陳垣、陳寅恪同稱「中國現代四大史學家」。

**朱光潛**（公元 1897 年 — 1986 年）：字孟實，安徽桐城人，美學家，畢業於香港大學，後留學英國及法國，修讀哲學、藝術史，先後獲碩士、博士學位。回國後在北京大學任教，曾任中國文聯理事，全國美學學會會長。

**豐子愷**（公元 1898 年 — 1975 年）：浙江石門（今嘉興桐鄉市石門鎮）人，漫畫家、作家和音樂家。早年師從藝術家李叔同習繪畫、音樂。後赴日本留學，回國後在浙江、上海等地任教，曾任中國美術家協會主席。豐子愷長於漫畫與散文，其散文文字簡潔曉暢，形象細膩生動，風格樸素雋永。

**王力**（公元 1900 年 — 1986 年）：字了一，廣西博白人，語言學家，曾就讀於清華大學國學研究院，師從梁啟超、王國維、趙元任，後留學法國，獲博士學位。先後在清華大學、中山大學、北京大學任教。

**冰心**（公元 1900 年 — 1999 年）：原名謝婉瑩，福建長樂人，女作家。燕京大學畢業後留學美國，其間寫了書信體散文《寄小讀者》。回國後任教於燕京大學和清華大學，並繼續寫作。冰心散文清新流暢，含蓄雋永。

**華羅庚**（公元 1910 年 — 1985 年）：江蘇金壇人，近代數學家。初中畢業後自學數學成才，其後在劍橋大學留學，回國後在清華大學任講師、教授、系主任，後又任中國科學院數學研究所所長，華羅庚在解析數論方面取得一定成就，研究成果有「華氏定理」、「華氏恆等式」等。

**來新夏**（公元 1923 年 — 2014 年）：浙江蕭山人，生於杭州，歷史學家、目錄學家，畢業於北平輔仁大學歷史系，後任南開大學教授、圖書館館長等職。

# 註釋

## 第一章
### 註 1.1

本書所選各文之後，皆註明所取材文章篇名，大部分文章在坊間廣為流傳，網上容易找到。如文章並非在網上查察所得，會於每章註釋部分列出有關書籍名稱，以供讀者參考。本章所引梁啟超《讀書法》節錄自張明仁編（1992）。《古今明人讀書法》。北京：商務印書館，第 180 頁。

### 註 1.2

讀者可參考 Mayer, R. E. (2003) *Learning and instruction.* Upper Saddle River, NJ: Pearson Education, 338.

## 第二章
### 註 2.1

Hunter, I. M. L.(1957) *Memory – facts and fallacies.* Middlesex: Penguin Books, 85.

### 註 2.2

節錄自錢穆（1994）。《錢賓四先生全集 —— 新亞遺鐸》，台北：聯經出版事業公司，第 411 頁。

## 第三章
### 註 3.1

「烏台詩案」被形容為北宋最大規模的文字獄，蘇軾恐會判死罪，寫了兩首詩《獄中寄子由》給弟弟蘇轍。《獄中寄子由》其一，見章節內文；《獄中寄子由》其二：

柏臺霜氣夜淒淒，風動琅璫月向低。
夢繞雲山心似鹿，魂驚湯火命如雞。
眼中犀角真吾子，身後牛衣愧老妻。
百歲神遊定何處，桐鄉知葬浙江西。

**註 3.2**

Frankl, V. E. (1992), *Man's search for meaning: an introduction to logotherapy (4$^{th}$ edition)* . Boston: Beacon Press Books, 117.

## 第四章

**註 4.1**

這兩個部分是分開評級的。

**註 4.2**

這個概念源於 1996 年香港中學會考數學科，重點是將全科內容三分之二訂為剪裁部分的內容，假如在考試範圍之內在指定部分只就剪裁部分的內容命題（剪裁部分後來變成基礎課題），教師及同學都會有信心先處理剪裁部分的內容，時間許可的話才去學習其餘部分的內容，這樣同學可以有動力按部就班去學習。能力稍遜的同學如能先專注於剪裁部分的內容，以多些時間去應付少些項目，他們應有較大的機會學得更好，這一點在當年公開文件亦曾作交代。中學文憑試採用類似的方法，把課程內容分成基礎課題和非基礎課題兩個部分，命題時把題目分為甲、乙兩部，是要鼓勵同學按部就班分段去學習。

## 第五章

**註 5.1**

高級程度會考 1994 年進行改革，教育統籌委員會在 1986 年公布第三號報告書，建議大學本科課程劃一為三年制，政府接納建議，由 1992 年 9 月開始，香港的中六課程劃一為兩年制，而 1994 年開始，大學本科課程劃一為三年制。考評局遂於 1994 年高級程度會考重整考試的結構及內容，重要改革包括：

(a) 加入中國語文及文化科（Chinese Language & Culture）；

(b) 非語文科目設中文版本的試卷供同學選擇；

(c) 另外亦開設高級補充程度科目（Advanced Supplementary subjects），包括通識教育科。

高級補充程度科目（Advanced Supplementary Subjects）為兩年制學科，內容為高級程度科目的一半，教學時間亦為高級程度科目

的一半；兩者學術水平要求相若。設立高級補充程度科目，旨在擴闊中六課程，讓同學在選科時可以有較多及有較彈性的選擇。大學收生及政府錄取公務員，一般把兩科高級補充程度科目等同一科高級程度科目。如何設計高級補充程度科目的課程呢？主要的辦法是將其中一卷的內容變成該科的高級補充程度科目，例如歷史科有亞洲史及西洋史兩卷，於是選修其中之一就是選讀一個高級補充程度科目了。

**註 5.2**

詳情可參考香港中學會考考試規則有關英國語文科課程甲及課程乙的成績互比關係。

**註 5.3**

英國語文科是同學修讀的四個核心科目之一，評核同學讀、寫、聽、說四種語文能力，故此考試亦設四卷分別評核這四種能力，而在聆聽理解及閱讀這兩個部分有特別安排，照顧不同能力的考生。這兩個項目的考試各設三部分，所有同學都必須應考第一部分，然後再選第二部分或第三部分，第二部分較第一部分容易而第三部分較第一部分困難，故此同學有兩個選擇：

第一部分 ＋ 第二部分（較易）

第一部分 ＋ 第三部分（較難）

這樣，能力不同的同學都有適當發揮的機會，而同學在應考時要作適當的選擇，不過選擇較容易組合的同學最多只會拿到第四級的成績。

## 第六章

**註 6.1**

張光源（2019）。《另類考試錦囊》。香港：明文出版社。

**註 6.2**

1996 年，香港高級程度會考中國語文及文化科「實用文類寫作」其中一道作文題目要求同學為香港旅遊協會撰寫一篇專文，介紹香港中國傳統節日，刊載於香港旅遊指南一書內，以吸引遊客來港。考試完畢，考評局收到投訴，指題目與補習社提供的範文有相似之處。這樣，有關當局便要處理兩個問題：首先是不是有試題外洩呢？另外，如考生背誦範文作為答案，又會如何處理呢？

還記得當年經調查後，得知並非試題外泄，於是便集中注意力處理念文事件。有些人認為背誦是平常事，而考試必然涉及背誦。當然這些人不明白考試運作，亦不了解 test construct（測試建構）是什麼。一般人以為同學能將一些與題目有關連的東西背好了，放在答案裏，便是圓滿地完成了考試。但是，這種簡單的想法有兩個問題。首先，同學如果只是把有關連的資料放在答案裏，那麼是否拿到分數，便要看同學是否充分理解題旨、能否分析問題、能否針對問題重心來提出回應。如果是胡亂堆砌，答非所問，也是拿不到分數的。而另外一點和 test construct 有關，如果是考核學科內容，背了的材料可能和題目有關，但是如果考試是寫作或作文，則背誦他人作品，無論如何都不可以接受，因為作文是考核同學的書寫及表達能力，如果接受背誦了的材料作為答案，所考核的便不是「作文」，而寫作考試便變成「默書」考試了。有見及此，當年的做法是把背誦的成分抽出來，不予評閱。如果全文都屬背默，便沒有分數。經調查後，有 8 位同學把全篇背默，而也有六百多人默寫了部分內容而被扣分。

**註 6.3**

可參閱香港考試及評核局網頁資料。

**註 6.4**

Gardner, H. (1999) *The Disciplined Mind*. New York: Simon & Schuster, 119.

**註 6.5**

Race, P. (2007) *How to get a good degree* (*2^{nd} edition*). Maiden Head: Open University Press, 260.

**註 6.6**

Sadler, D. R. (2010) *Beyond feedback: developing student capability in complex appraisal*. Assessment and evaluation in higher education, 35, 5, 535-550.

**註 6.7**

在考評局工作期間，接受傳媒採訪，不時談及 1937 年首屆中學會考的情況。當時的應考科目共分五組：

第 一 組　　英文
第 二 組　　其他語言，例如：中文、法文、拉丁文等

第 三 組　　科學、數學

第 四 組　　歷史、地理

第 五 組　　聖經知識、國語、西洋畫、中國畫、針黹

同學必須獲得五科及格，其中四科必須分別來自首四組，才可以獲頒畢業證書。

其後的科目及科目組合曾作調整，但直至 1968 年以前，香港英文中學畢業會考的同學必須考獲五科及格，包括英文、另一語文或一科文科、數學或另一理科，方可獲發證書；而中文中學畢業會考，亦有類似的要求，同學必須考獲五科及格，包括國文、英文或另一科文科、數學或另一理科。自 1968 年開始，各科成績不再分優、良、及格和不及格，而代之以等級，由 A 至 H，以 A 級為最高，H 級為最低，E 級代表基礎水平。考生不再需要在指定之科目考獲五科及格成績才獲發證書，考生應考一科或以上都可獲發證書，詳列每科所考取的成績等級。會考遂由「科組制」改為「科目制」，畢業證書變成會考證書。這項改革可算是香港公開考試史上一項重要之改革。

## 第七章

### 註 7.1

Polanyi, M. (1962) *Personal Knowledge: Towards a Post-Critical Philosophy.* Chicago: University of Chicago Press, 132.

### 註 7.2

Cheung, K. Y. T. (2016) *The Management of Public Examinations: 101 Questions and Answers.* Hong Kong: Hong Kong Examinations & Assessment Authority.

### 註 7.3

Einstein, A. & Infeld, L. (1938) *The evolution of physics.* New York: Simon and Schuster, 152.

# 鳴謝

　　我過去在考試工作中曾遇上很多不同的困難和挑戰，每次都以戰戰兢兢的心態去解決問題。準備考試的工作，有不同的過程，它們如鐵鏈般一環扣着一環，互相牽連，要成功地解決難題，便要大家互相了解和合作。我覺得最好的事，是不同部門的同事能互相了解工作內容。這方面我也下了苦功，但最重要的是考評局的同事所教給我的東西，他們的鼓勵和支持，亦給了我不少的力量和知識，以克服重重的障礙和困難，我要在這裏特別衷心感謝他們。

　　我亦要感謝很多在教育界工作的朋友，他們給予我許多鼓勵和支持。我們在考評局秘書處工作，許多有關政策、命題和閱卷工作都會跟中學和大學的人士合作，我在他們身上學會不少東西。此外，我亦有機會和海外的學者及考評機構的工作人員接觸，跟他們交流是一件開心愉快的事，尤其欣慰的，他們作為外國機構的工作人員，也欣賞我們的制度及考評水平。

　　特別感謝黎國偉先生協助整理初稿，藉此致謝。

# 燃點前人讀書之光

| | | |
|---|---|---|
| 作　　　　者： | 張光源 |
| 助理出版經理： | 林沛暘 |
| 責 任 編 輯： | 梁韻廷 |
| 文 字 校 對： | Priscilla Tse |
| 美 術 設 計： | Young |
| 圖 片 來 源： | 張光源、Freepik |
| 出　　　　版： | 明文出版社 |
| 發　　　　行： | 明報出版社有限公司 |
| | 香港柴灣嘉業街 18 號 |
| | 明報工業中心 A 座 15 樓 |
| 電　　　　話： | 2595 3215 |
| 傳　　　　真： | 2898 2646 |
| 網　　　　址： | http://books.mingpao.com/ |
| 電 子 郵 箱： | mpp@mingpao.com |
| 版　　　　次： | 二〇二四年一月初版 |
| I S B N： | 978-988-8829-07-1 |
| 承　　　　印： | 美雅印刷製本有限公司 |